BRONNIE WARE

Leben ohne Reue

GOLDMANN
Lesen erleben

Buch

Der Erfolg von Bronnie Wares Bestseller »5 Dinge, die Sterbende am meisten bereuen« zeigt, wie groß unsere Sehnsucht nach den wirklich wichtigen Dingen im Leben ist. Ihre Botschaft lautet: Folge deinem Herzen, sodass du am Ende friedlich und ohne Reue auf dein Leben zurückblicken kannst. In ihrem zweiten Buch zeigt die ehemalige Palliativkrankenschwester, wie das konkret gelingen kann. Denn Glücklichsein ist eine Entscheidung. Glück kann zum Beispiel darin bestehen, Sorgen hinter sich zu lassen, die eigene Kraft und Lebendigkeit zu spüren, das Lächeln einer unbekannten Person zu erwidern oder einfach nur die Schönheit der Natur zu genießen.

In 52 Inspirationstexten bringt uns Bronnie Ware das tägliche Wunder unseres Lebens nah.

Autorin

Bronnie Ware stammt aus Australien und ist Autorin, Songwriterin und Sängerin. Nach einigen Jahren als Bankangestellte zog es sie in die weite Welt, sie lebte in England und auf einer Südseeinsel. Anschließend arbeitete sie acht Jahre als Palliativkrankenschwester und schrieb darüber in ihrem Blog »Inspiration and Chai«. Heute lebt Bronnie Ware wieder in Australien.

Bronnie Ware

Leben ohne Reue

52 Impulse,
die uns daran erinnern,
was wirklich wichtig ist

Aus dem Englischen
von Antje Korsmeier

GOLDMANN

MIX
Papier aus verantwor-
tungsvollen Quellen
FSC
www.fsc.org   FSC® C014496

Verlagsgruppe Random House FSC® N001967

1. Auflage
Taschenbuchausgabe September 2016
Wilhelm Goldmann Verlag, München,
in der Verlagsgruppe Random House GmbH,
Neumarkter Str. 28, 81673 München
Copyright © 2014 der deutschsprachigen Erstveröffentlichung
by Arkana, München, in der Verlagsgruppe Random House GmbH
Copyright © 2014 der Originalausgabe by Bronnie Ware
Umschlaggestaltung: UNO Werbeagentur, München,
in Anlehnung an die Gestaltung der HC-Ausgabe
und unter Verwendung von Motiven von FinePic®, München
sowie Tohoku Color Agency, Japan images / getty images
Lektorat: Gisela Fichtl
DF · Herstellung: Str.
Druck und Bindung: GGP Media GmbH, Pößneck
Printed in Germany
ISBN: 978-3-442-15903-1
www.goldmann-verlag.de

Besuchen Sie den Goldmann Verlag im Netz

*Für meine Tochter Elena,
die das Licht bringt*

Inhalt

Einleitung

Obwohl die Kindheit nur eine so kurze Spanne unseres Daseins ausmacht, prägt sie unser Leben als Ganzes doch so sehr wie keine andere Lebensphase. Im Rückblick ist die Zeit nur so verflogen. Als Kind kommt es einem jedoch vor, als läge sie endlos vor einem. Meine eigene Kindheit bildet in dieser Hinsicht keine Ausnahme.

Ich hatte das Glück, auf einer großen Farm aufzuwachsen, wo ich stundenlang reiten oder über die Felder laufen konnte. Ein unendlich weiter Himmel wachte über mich, als ich zu einer jungen Frau heranwuchs. Doch mit dem Heranwachsen stellte sich auch Unruhe ein, ich wollte die Welt entdecken, ausbrechen, ein Gefühl, das mich begleiten sollte, bis ich irgendwann begann, mich mit meiner inneren Unruhe auseinanderzusetzen.

Ich habe damals zweifellos viele schöne Dinge erlebt. Aber da ich in unserer Familie das schwarze Schaf war, wurde ich in meiner Kindheit auch ständig gehänselt. So kam es, dass ich zwar eine tiefe Liebe zur Natur entwickelte und allmählich unabhängiger wurde, ich zugleich jedoch mit einem gewaltigen Schmerz im Gepäck mein junges Erwachsenenalter begann.

Ich verließ die Farm und machte mich auf in die Stadt, um in einer Bank zu arbeiten – das war eine vernünftige Tätigkeit, ein Leben, wie man es von mir erwartete. Doch meine Unruhe nagte weiter an mir, und ich wechselte im Lauf der Zeit mehrfach den Job und zog wiederholt um. Irgendwann führte mich der Schmerz dann auf den Weg der Künstlerin, zunächst war ich als Fotografin und Autorin tätig, später als Singer / Songwriterin.

Während jener Jahre, in denen ich durch die Musik und mit meiner Musik wuchs, entschloss ich mich, bei einer älteren Dame einzuziehen, um sie zu pflegen. Damals hatte ich keine Ahnung, wie sehr diese Tätigkeit mich selbst heilen würde und was für ein bedeutsamer Teil meines Lebenswerks sie sein würde. Ich werde immer große Dankbarkeit für jeden vollendeten Schritt meines Lebens empfinden, und dazu gehört auch der Schmerz, der mich zu dieser Arbeit führte und zu der Freude, die dahinter lag.

Aus jener ersten Anstellung wurden acht Jahre, in denen ich Menschen betreute, die im Sterben lagen. Viele, unendlich kostbare Stunden saß ich am Bett von Sterbenden.

Ich habe sie gepflegt und mich darum bemüht, ihnen ihre letzten Tage so angenehm und friedlich wie möglich zu gestalten.

Diese Menschen waren zu krank, um noch etwas zu unternehmen. Deshalb wollten sie, wenn sie wach waren, die meiste Zeit reden. Und wie sie geredet haben!

Ganz natürlich ergaben sich sehr persönliche, offene Gespräche zwischen uns. Sterbende verschwenden ihre Zeit nicht mit Banalitäten. Ihnen ist bewusst, wie kostbar Zeit ist, und die meisten von ihnen nutzen sie so sinnvoll wie möglich. Das heißt, sie sprachen frei aus ihrem Herzen heraus, ein Glücksfall für mich.

Im Laufe vieler Jahre wiederholten sich manche Themen

mit einer solchen Regelmäßigkeit, dass ich die Botschaften, die das Leben mir sandte, nicht mehr ignorieren konnte. Reue und Bedauern verfolgten die Sterbenden, und vielen von ihnen bereitete das an ihrem Lebensende enormes Leid und Enttäuschung.

Wenn ich auf jene besonderen Jahre zurückblicke, dann ist Reue das Thema, welches mich persönlich am meisten beeindruckt und beeinflusst hat. Es kehrte so oft wieder, dass·es gar nicht anders ging, als mich nachhaltig damit zu beschäftigen. Natürlich gab es auch Menschen, die nichts bereuten. Manche waren mit sich im Frieden und im Einklang mit den Entscheidungen, die sie in ihrem Leben getroffen hatten. Aber es gab wesentlich mehr, die etwas bereuten, als Menschen, bei denen das nicht der Fall war.

Obwohl die Versäumnisse die unterschiedlichsten Dinge betrafen, traten einige Themen immer wieder auf. Die Dinge, die die Sterbenden, welche ich betreute, am meisten bereuten, waren:

1. Ich wünschte, ich hätte den Mut gehabt, mir selbst treu zu bleiben, statt so zu leben, wie andere es von mir erwarteten.
2. Ich wünschte, ich hätte nicht so viel gearbeitet.
3. Ich wünschte, ich hätte den Mut gehabt, meinen Gefühlen Ausdruck zu verleihen.
4. Ich wünschte, ich hätte den Kontakt zu meinen Freunden gehalten.
5. Ich wünschte, ich hätte mir mehr Freude gegönnt.

Diese Erfahrung mit Menschen, die mir im Laufe der Zeit ans Herz wuchsen, gibt mir bis heute die Kraft, Entscheidungen zu treffen, die ansonsten schwierig sein könnten. Denn den Schmerz der Reue, der einsetzt, wenn es zu spät ist, kenne ich nur zu gut. Ich habe von Sterbenden unendlich viel über das Leben gelernt.

Als ich Ruth, meine erste Patientin, pflegte, lernte ich, wie wichtig es ist, mich vor voreiligen Annahmen zu hüten. Ihre Familie ging mit dem anstehenden Verlust ganz anders um, als ich es getan hätte. Aber im Laufe der Zeit begann ich, sie zu verstehen und ihre Entscheidungen zu respektieren.

Stella und ich waren Gleichgesinnte. Zudem war sie für mich eine wunderbare Lehrerin. Gemeinsam wurden wir daran erinnert, wie wichtig es ist loszulassen, und dass wir alle auf der Reise anderer Menschen eine große Rolle spielen.

Die liebe Grace zählt zu den Menschen, die mir am vertrautesten wurden. Sie lehrte mich durch ihren Schmerz und ihr Bedauern, wie entscheidend es ist, dass wir den Mut finden, unser eigenes Leben zu leben. Ich ehre ihr Andenken, indem ich genau das tue, Tag für Tag.

Anthony wurde zu einem Produkt seiner Umgebung – ein trauriges Beispiel. So können wir werden, wenn wir darauf verzichten, eigene Entscheidungen zu fällen, obwohl uns die Natur die Kraft dazu mitgegeben hat.

Florence war sich dessen gar nicht bewusst, dass sie mich etwas lehrte, doch sie erinnerte mich daran, dass emotionale Qualen zu einer Falle eigener Art werden können. Mitgefühl und geistige Disziplin halfen mir, derartige Hindernisse zu überwinden; ich erlaube mir selbst, so freudig zu leben, wie es mein gutes Recht ist.

John war ein wundervoller Mann, doch litt er in seinen letzten Monaten schwer unter den Dingen, die er versäumt hatte. Ihm wurde klar, dass er seine Arbeit viel zu wichtig genommen hatte, wodurch sein Leben aus dem Gleichgewicht geraten war. Nie werde ich sein trauriges Seufzen vergessen, als er den Sonnenuntergang betrachtete und sein Leben mit schwerem Herzen Revue passieren ließ.

Positives Handeln und Akzeptanz, neben anderen waren es vor allem diese beiden Tugenden, die Pearl mir vermittelt hat. Sie hatte die Lektionen des Lebens offen angenommen und war eine wunderbare Lehrerin und eine wunderbare Seele. Pearl hatte im Laufe ihres Lebens einen tiefen Glauben entwickelt, sie vertraute darauf, dass die Dinge zu ihr strömen. So inspirierte sie andere, es ihr gleichzutun.

Dass ich Charlie kennenlernen durfte, war ein Geschenk. Obwohl er so schwach war und so große Schmerzen hatte, blieb sein Geist bis zuletzt ungebrochen und stark. Einfachheit – das war die Botschaft, die er immerfort wiederholte. Er sagte, wenn man die Dinge einfach hält, bleibt das Leben geräumig und lässt sich gut handhaben. Er hatte Recht.

Jozsef fiel es nicht leicht, sich anderen offen mitzuteilen; er starb in dem Bedauern, dass seine Familie ihn nicht wirklich kannte. Aufrichtigkeit und Offenheit waren kein Teil seines Lebens gewesen, dennoch sehnte er sich in seinen letzten Wochen danach, Dinge mit ihnen zu teilen. Leider blieb vieles noch ungesagt, und er nahm es mit ins Grab, als er starb.

Jude war jünger als die meisten Menschen, die ich betreute. Sie betonte, wie wichtig es ist, mutig und aufrichtig zu leben und sich selbst treu zu sein. Zudem war sie eine große Verfechterin der Idee, dass man sich von Schuldgefühlen befreien muss, ihrer Ansicht nach sind sie verkehrt und im Leben vollkommen unnötig.

Nanci erinnerte mich daran, wie sinnlos Mutmaßungen und Unterstellungen sind. Obwohl sie sowohl geistig als auch körperlich schwer krank war, überraschte sie mich immer wieder. Wir wissen nie genau, was im Kopf oder im Herzen eines anderen Menschen vor sich geht, es sei denn, er oder sie drückt es selbst aus.

Menschen, die im Sterben liegen, möchten in ihren letzten Wochen noch so intensiv wie möglich leben – und wenn möglich lachen. Aus diesem Grund ist es so wichtig, den Kontakt zu alten Freunden zu halten, und viele, die es nicht getan haben, bereuen das schwer. Doris starb in Frieden, da sie das Glück erfahren hatte, den Kontakt zu einer ihrer alten Freundinnen wieder aufnehmen zu können; bei anderen war es dafür jedoch bereits zu spät gewesen.

Elizabeth war das beste Beispiel dafür, wie sehr wir wachsen und wie stark wir uns verändern können, wenn wir es denn wirklich wollen. Aus eigener Kraft verwandelte sie sich von einer frustrierten Alkoholikerin zu einer der besten Lehrerinnen, die ich kennenlernen und von der ich lernen durfte.

Harry beherrschte die Kunst der Freundschaft, zudem war er ein wundervoller Lehrer. Er erinnerte mich daran, wie wichtig es ist, dass wir uns ganz bewusst Zeit zum Glücklichsein nehmen und uns selbst jene Ausgeglichenheit gönnen, nach der sich unser Herz so sehr sehnt.

Die Erkenntnis, dass Glück eine Frage der Entscheidung ist, veränderte Rosemarys Leben tiefgreifend; zuvor hatte sie stets geglaubt, sie verdiene es nicht, glücklich zu sein. Voller Bedauern blickte sie zurück und versuchte nun, so gut es ging, ihren Frieden mit den Entscheidungen, die sie im Leben getroffen hatte, zu machen. So begann sie in den letzten Wochen ihres Lebens, sich Momente des Glücks zu gönnen. Dies zu beobachten war wunderschön und öffnete mir das Herz.

Cath hatte es sich zur Aufgabe gemacht zu betonen, wie ungeheuer wichtig es ist, ganz im Augenblick zu leben und Dankbarkeit für jeden einzelnen Tag zu entwickeln. Sie hatte viel in ihrem Leben verpasst, weil sie stets auf der Jagd nach etwas Zukünftigem gewesen war, bis sie schließlich erkannte, wie wunderschön der gegenwärtige Tag ist.

Mein lieber Lenny, er war ein wundervoller Lehrer und eine so sanfte Seele. Keiner verkörperte so gut wie er die

Wahrheit, dass alles eine Frage der Perspektive ist. Lenny hatte ein unglaublich schweres Leben gehabt und viel Trauriges erfahren müssen; dennoch blickte er mit weisem Herzen und voller Akzeptanz auf das Leben.

Über all diese Menschen, die letztendlich auch meine Lehrer waren, habe ich ausführlicher in meinem Buch »5 Dinge, die Sterbende am meisten bereuen« geschrieben und dabei auch meine eigene Wandlung geschildert. Es gibt so viel, was wir von Sterbenden und von einem ungeschminkten Blick auf unsere eigene Sterblichkeit lernen können.

Die wichtigste Lektion liegt für mich darin, dass es bestimmte Werte und Verhaltensweisen gibt, die wir konsequent respektieren und einhalten müssen, wenn wir ohne Reue leben wollen, wenn wir also eines Tages unser Leben liebevoll annehmen und in Frieden darauf zurückblicken wollen.

Um ein solches Leben zu kultivieren – und es ist tatsächlich ein Prozess des fortwährenden Wachstums, des Nährens und der Förderung –, müssen wir uns neue Gewohnheiten zulegen und auch pflegen. Wenn wir ohne Reue leben wollen, müssen wir bewusst daran arbeiten, Mut, Hoffnung, Dankbarkeit, Glauben, Aufrichtigkeit, Mitgefühl, positives Denken, gesundes Handeln, Vertrauen, Gegenwärtigkeit, Offenheit gegenüber Veränderungen, Selbstliebe, Selbstrespekt und eine Einstellung, die unserem Herzen Rechnung trägt, zu entwickeln.

Um diese Eigenschaften geht es, wenn ich Ihnen im Folgenden 52 Geschichten aus meinem Leben erzähle. Jede von ihnen enthält eine Botschaft, die uns daran erinnern soll, dass wir diese Eigenschaften brauchen, wenn wir ein Leben ohne Reue führen wollen. Von den Sterbenden lernte ich, dass es zwar hin und wieder Momente gibt, in denen wir anhand besonderer Ereignisse etwas Wichtiges lernen; aber letztendlich ist das ganz alltägliche Leben unser bester Lehrer. Sie müssen nur Ihre Augen und Ihr Herz öffnen, um die Botschaften zu empfangen, die das Leben Ihnen schickt. Die wichtigsten Einsichten kommen einem manchmal bei vollkommen nichtigen, unauffälligen Gelegenheiten.

Die sanften und *scheinbar* gewöhnlichen Denkanstöße, die wir täglich erhalten, lassen Sie allmählich erkennen, wie sehr Sie sich Ihr Leben zu eigen machen können. Das ist etwas sehr Beglückendes und steht Ihnen absolut zu.

Diese 52 Geschichten sind eine Erinnerung daran, dass es Ihnen tatsächlich möglich ist, Kraft zu schöpfen, Dankbarkeit zu entwickeln und jene Entscheidungen zu treffen, die für Ihr Leben die richtigen sind. Es sind Beobachtungen, die ich während der einzelnen Schritte meiner Reise gemacht habe, doch ihre Botschaften betreffen jeden von uns. Einige von ihnen stammen aus meinem Blog *Inspiration and Chai*. Andere haben dort ihren Ursprung, nahmen aber auf ihrem Weg in diese Seiten eine eigene Entwicklung und veränderten ihre Gestalt und Ausrichtung. Und viele sind ganz neu geschrieben.

Die Geschichten sind weder chronologisch geordnet, noch entsprechen sie dem Ablauf der Jahreszeiten. Dennoch ist die Abfolge mit Bedacht so gestaltet, dass die Botschaft einer jeden Geschichte betont wird und Raum zum Nachsinnen bleibt. Das Leben steckt voller unterschiedlicher Lektionen, die uns aus vielen Perspektiven erreichen.

Wenn Sie beginnen, Ihr Leben bewusster selbst in die Hand zu nehmen, wird Ihr Geist anfangs alles versuchen, sich dem Wandel zu widersetzen. Es ist also Absicht, dass einige Botschaften wiederholt werden. Dadurch können die Lektionen aufeinander aufbauen und Sie dabei unterstützen, sich selbst auf einer tieferen seelischen Ebene zu verstehen.

Das Buch ist darauf angelegt, Sie anfangs ein Jahr lang zu

begleiten, das heißt, Sie können jede Woche eine Geschichte lesen. Wenn es Sie danach verlangt, das ganze Buch auf einmal zu lesen, dann tun Sie das ruhig. Allerdings stellt sich eine heilsamere und nachhaltigere Wirkung ein, wenn Sie tatsächlich jede Woche in Ruhe über ein Kapitel nachsinnen. Falls Sie also alle hintereinander weg lesen, wird es auf jeden Fall hilfreich sein, zu jeder Geschichte nochmals zurückzukehren und sich ihr länger zu widmen.

Um einen echten Nutzen aus den Botschaften zu ziehen und dauerhaft eine positive Veränderung in Ihrem Denken und damit Ihrem Leben zu bewirken, empfehle ich Ihnen, Tagebuch zu führen. Wenn es beispielsweise in einem Kapitel darum geht, Neues an sich selbst zu entdecken, dann halten Sie in jener Woche Ihre Beobachtungen diesbezüglich fest. Wenn es um Mitgefühl geht, prüfen Sie, wie das zu Ihrer momentanen Einstellung und Situation passt. Öffnen Sie sich ganz bewusst für die Botschaft der jeweiligen Geschichte, finden Sie heraus, wie sie zu Ihrem gegenwärtigen Leben passt und entdecken Sie, was Sie daraus lernen und selbst anwenden können.

Während das Jahr voranschreitet, werden Sie Ihren Weg immer achtsamer gehen, Sie werden die Kraft finden, um Veränderungen umzusetzen, Sie werden an sich sowohl Altes als auch Neues freundlich wahrnehmen und anerkennen können, und Sie werden täglich Dinge entdecken, für die Sie dankbar sein können und die Ihnen früher vielleicht nicht aufgefallen wären.

Sie werden durch diese Alltagsbeobachtungen allmählich verstehen, dass es sich absolut lohnt, dieses Jahr zum Jahr Ihres persönlichen Wandels, zum Jahr für die wirklich wichtigen Dinge zu machen; zu dem Jahr, in dem Sie positives Handeln und Selbstliebe in die Praxis umsetzen und sich das Leben erschaffen, nach dem Ihr Herz ruft.

Möge Ihnen das Geschenk zuteilwerden, wahrhaft ohne Reue zu leben.

In liebevoller Freundschaft
Bronnie

1 Perspektivwechsel

Als ich vor einiger Zeit mit dem Auto unterwegs war und wegen Bauarbeiten kurz anhalten musste, sah ich durch die Windschutzscheibe nach draußen. Die Scheibenwischer bewegten sich hin und her. Der Regen an sich war gar nicht so stark, heftig aber waren der Wind, der Donner und die Blitze, die das Gewitter begleiteten.

Ich wartete darauf, dass die Baustellenampel wieder auf Grün umsprang, und blickte aus dem Seitenfenster auf das Feld neben der Straße. Ein frisch geborenes Kalb versuchte gerade, auf die Beine zu kommen, was ihm auch gelang. Die Mutterkuh leckte es ab, obwohl bereits der Regen dafür sorgte, dass es tüchtig gewaschen wurde.

Ich fragte mich, wie es sein musste, während eines solchen Gewitters zur Welt zu kommen, und überlegte, dass dies nun die allerersten Eindrücke des kleinen Kalbs waren. Würde es sich wundern, wenn die grauen Wolken vorbeigezogen waren und Regen und Wind aufgehört hatten; würde es sich fragen, was los sei, weshalb der Himmel mit einem Mal blau war und wohin das ganze nasse Zeug verschwunden war, das zuvor herabgefallen war? Würde dieses kleine Wesen nun immer auf Gewitter warten, damit sich das Leben wieder normal anfühlte, denn schließlich hatte es so die Welt kennengelernt?

In einem Tal, in dem es viele Rinder und Milchbetriebe gibt, sieht man öfter neugeborene Kälber, was ich natürlich herrlich finde. Als ich kurz darauf ein anderes Kalb sah, das soeben geboren worden war – es war ein trockener, heißer Tag –, kam mir unwillkürlich der Gedanke, wie unterschiedlich diese zwei kleinen Kälber die Welt sehen mochten. Wahrscheinlich würden sie gar nicht darüber nachdenken. Sie würden einfach die Milch ihrer Mütter trinken und herumtollen, wie es Jungtiere eben tun.

Da ich aber im Laufe der Jahre mit diversen Kühen Freundschaft geschlossen habe, zweifle ich nicht im Geringsten an ihrer Denk- und Lernfähigkeit. Es beschäftigt mich also tatsächlich, inwiefern sich ihr Blick auf das Leben voneinander unterscheidet und wie sich das auf ihre jeweiligen Erfahrungen auswirkt.

Vor einigen Wochen hatte ich etwas in der Stadt zu erledigen. Als ich dort meinen Lieblingsteeladen ansteuerte, um mich erneut mit Chai einzudecken, ging eine ältere Dame vor mir her. Sie musste Osteoporose oder eine andere Krankheit haben, denn ihr Rücken war so stark gebeugt, dass sie beim Gehen nur zu Boden blicken konnte. Ihr Oberkörper knickte ab der Hüfte nahezu im rechten Winkel nach vorn ab.

Natürlich empfand ich sofort großes Mitleid mit ihr, schließlich konnte sie beim Gehen nicht sehen, was um sie herum vorging. Aber dann dachte ich an die kleinen Kälber und die Sache mit der Perspektive. Vielleicht nahm diese Frau die Dinge ja anders wahr. Vielleicht war sie dankbar, dass sie in ihrem Alter noch gehen konnte, wohin sie wollte, während vermutlich viele andere, die so alt waren wie sie, dazu nicht mehr in der Lage waren.

Ich musste an all die Menschen denken, ob jung oder alt,

die an einer Krankheit leiden oder drinnen eingesperrt sind und die viel lieber in einer solchen Situation wären als in ihrer eigenen. Mir fielen Menschen ein, die so krank waren, dass sie nicht mehr an die frische Luft konnten, die gar nicht mehr laufen konnten oder zu schwach waren, um ihre Einkäufe selbst zu tragen. Und ich musste auch an jene Frauen denken, die ich früher im Gefängnis unterrichtet habe. Ich bin mir sicher, dass jede von ihnen sofort mit der älteren Dame getauscht hätte. Es mag ja sein, dass sie einen stark gekrümmten Rücken hatte und daher die Welt aus einem anderen Winkel sah als die meisten Menschen. Aber sie war unabhängig und mobil. Und sie hatte ein ziemliches Tempo drauf.

Es ist ganz egal, wie beschwerlich das Leben zuweilen ist. Wenn wir die Perspektive wechseln, sieht alles gleich ganz anders aus. Denn was dem einen Menschen wie ein Gewitter vorkommt, ist für den anderen möglicherweise ein Segen.

Wenn Sie das Leben mit den Augen eines anderen Menschen anschauen, hilft Ihnen das, auch Ihr eigenes Leben aus einem anderen Blickwinkel zu betrachten. Dadurch öffnet sich vielleicht unbemerkt ein Zugang zu jener Weisheit, die in Ihnen steckt, und neue Antworten ergeben sich ganz von allein. Alles ist eine Frage der Perspektive. Den meisten Situationen lässt sich etwas Gutes abgewinnen, auch wenn es manchmal verborgen ist und sich nur durch eine neue Betrachtungsweise entdecken lässt.

Wenn ich an jene kleine Frau denke, wie sie die Straße entlangmarschierte, dann ruft mir das wieder ins Bewusstsein, dass die Dinge nicht immer so sind, wie sie scheinen. Ja, sie sind oft viel, viel besser.

2 Eine sanfte Lehrerin

Da eine meiner besten Freundinnen momentan einer Liebe wegen in Übersee ist, kümmere ich mich unterdessen um ihren Hund – eine Aufgabe, die ich nur zu gern übernehme.

Als ich ihrer Hündin Missy vor ein paar Monaten zum ersten Mal begegnete, war diese erst kurz bei meiner Freundin, der benachbarte Tierarzt hatte darum gebeten, sie aufzunehmen. Während ihres noch jungen Lebens war Missy schwer misshandelt worden, sie litt unter extremen posttraumatischen Störungen.

Wann immer ich sie besuchte, musste meine Freundin Missy sanft an der Leine in unsere Richtung ziehen, damit sie sich überhaupt zu uns traute. Wenn wir es nicht so machten, rannte Missy ungefähr zehn Minuten lang hin und her, weil sie zwar zu uns wollte, sich jedoch nicht traute; mit jedem Schritt kam sie etwas näher, rannte dann wieder weg und kam wieder ein Stückchen näher.

War sie erst einmal in unserer Reichweite, ließ sie sich gern streicheln und war voller Hingabe. Ja, sobald wir einmal damit angefangen hatten, wollte sie gar nicht wieder davon ablassen. Sie konnte einfach nicht genug bekommen. Allerdings waren ihre Hinterläufe so schwach, dass sie Angst davor hatte, sich ganz aufzurichten; sie zeigte immer noch Symptome aus der Zeit, in der sie so schlecht behandelt worden war, und war immer halb in der Erwartung, gleich wieder angeschrien oder geschlagen zu werden, das arme, hübsche kleine Wesen.

Wenn wir dann aufhörten und nach drinnen gingen, um zu Mittag zu essen, vergaß Missy das zuvor erlangte Vertrauen nahezu vollständig. Das ganze Prozedere musste von vorn bis hinten wiederholt werden, nur um ihr Vertrauen und ihr Zutrauen wieder zu gewinnen, sie tätscheln und ihr die so dringend benötigte Liebe schenken zu können; sie wiederum musste trotz ihrer Angst lernen, diese Liebe zu empfangen, damit sie ihr großes Bedürfnis stillen konnte.

Offensichtlich hatte sie das ideale Zuhause gefunden. Meine Freundin hat sechs eigenen Kindern das Leben geschenkt und strahlt auf ganz natürliche Weise die liebevolle Energie einer Mutter aus. Und genau das brauchte Missy. In den paar Monaten, die ich diese reizende Hündin nun kannte, hat sich Missy dank der liebevollen Zuwendung meiner Freundin Schritt für Schritt in einen ganz neuen Hund verwandelt. Allerdings zeigt sie leider immer noch einige Symptome ihres Traumas. Bei den meisten Menschen führt sie nach wie vor ihren Weglauf-Tanz auf, bevor sie sich ihnen nähert. Aber Tag für Tag nimmt ihr Vertrauen ein wenig zu.

In den letzten zwei Wochen ist die Bindung zwischen Missy und mir mit jedem Tag etwas enger geworden. Wir haben lange Spaziergänge unternommen, viele Zärtlichkeiten ausgetauscht und haben einen so intensiven Augenkontakt miteinander, wie es einem Hund überhaupt möglich ist. Sie hat eine wunderschöne Seele, und ich mag mir gar nicht vorstellen, was diese liebe Hündin erlitten haben muss.

In gemeinsamen Momenten der Ruhe hat Missy mittlerweile so viel Vertrauen zu mir, dass sie sich auf den Rücken wälzt und sich den Bauch kraulen lässt. Wenn ich stehe, springt sie ganz sanft an mir hoch, um mir näher zu sein: Dann legt sie ihre Pfoten auf meine Oberschenkel und schaut mich mit ihren schönen Augen an. Und zum ersten Mal, seit ich sie kenne, erlebe ich nun, dass sie mit dem Schwanz wedelt, wenn sie mit mir im Garten herumläuft oder wann immer ich mit ihr spreche.

Diesen Wandel zu beobachten ist wirklich herzerwärmend, und er hat mir gezeigt, welch enorme Kraft in Vertrauen und Mut steckt. Missy ist das mutigste und vertrauensvollste Wesen, das mir seit langem begegnet ist. Obwohl sie unter den Folgen schwerer Verletzungen leiden musste, riskiert sie es, sich abermals auf jemanden einzulassen, wieder Liebe zuzulassen und zu erkennen, dass nicht jeder so ist wie die Menschen in ihrer Vergangenheit.

Die bedingungslose Liebe, die Hunde ihren Begleitern schenken, kann bereits in guten Zeiten uns allen eine Lehre sein. Und wenn ich den Mut beobachte, mit dem Missy versucht, wieder Vertrauen zu schöpfen, dann denke ich, dass ihr auch die Rolle einer sanften Lehrerin zukommt. Wenn sie es wagt, wieder Vertrauen zu fassen, weiß sie nicht, was auf sie zukommen wird. Sie weiß nur, dass sie erneut versuchen muss zu vertrauen, um Liebe zuzulassen und damit sie wieder glücklich sein kann.

Wenn doch nur alle Menschen auf der Welt, die ein Trauma oder Ängste aus vergangenen Verletzungen mit sich herumtragen, den gleichen Mut wie Missy hätten! Wie gut wäre es, wenn sie versuchten, erneut ihr Herz zu öffnen und zu erkennen, dass nicht jeder, dem sie momentan oder künftig begegnen, genauso ist wie die Menschen in ihrer Vergangenheit.

Zu beobachten, wie diese entzückende Hündin mit ihrem Schwanz wedelt oder mich mit ihren Augen anlächelt, ist zutiefst beglückend. Und das Gleiche ist der Fall, wenn wir Menschen erleben, die mit ebensolchem Mut und Vertrauen Veränderungen an ihrem Leben vornehmen.

Ich wünsche Ihnen, liebe Freunde, Tapferkeit und Glück!

3   Veränderungen annehmen

Sanft weht eine kühle Winterbrise, und die ersten morgendlichen Strahlen der Wintersonne wärmen mich. Vogelgezwitscher erklingt von fern und nah. Frösche quaken, und die Morgensonne taucht den Bach in ein helles Licht. Auf der Nachbarfarm kräht ein Hahn. Kein menschliches Geräusch weit und breit. Ein Moment puren Glücks.

Obwohl Veränderungen zum Leben dazugehören, bin ich doch auch froh, dass im Kleinen gewisse Dinge so bleiben, wie sie sind. Der Vogelgesang ändert sich womöglich. Einige Vögel ziehen weiter, andere bleiben das ganze Jahr über da. Auch das Quaken der Frösche wandelt sich im Laufe der Jahreszeiten, es sind dann andere Frösche, die ihrer Lebensfreude Ausdruck verleihen. Doch im Großen und Ganzen bleibt die Schönheit dieser Farm erhalten. Letztlich tragen all die Veränderungen sogar zur Beständigkeit dieser Schönheit bei.

Mein Vater, der bereits ein älterer Herr ist, hatte in der vergangenen Woche eine größere Operation, und ich wurde auf diese Weise wieder an die Unbeständigkeit des Lebens erinnert, daran, dass Veränderungen uns nun einmal garantiert sind, ob es uns gefällt oder nicht. Meinem Vater geht es den Umständen entsprechend, und ich hoffe, dass er durchkommt. Doch er ist schon alt und wird nicht mehr der Gleiche sein wie vorher.

Aber nicht nur ältere Menschen müssen sich mit Veränderungen auseinandersetzen. In jedem Lebensalter sind wir gezwungen, uns dem natürlichen Kommen und Gehen des Lebens zu stellen. Nichts bleibt so, wie es war. Wer das nicht einsehen will und sich dem Wandel verweigert, indem er versucht, alles zu kontrollieren, leidet dann oft umso mehr, wenn das Leben ihn mit einer Veränderung konfrontiert. Veränderung liegt immer in der Luft.

Neulich bin ich an meinen Lieblingsstrand gefahren. Ein Spaziergang in der Wintersonne an einem dieser freundlichen Spätvormittage ist ein echtes Vergnügen. In der Bucht, in der ich in den letzten beiden Sommern so oft geschwommen bin, war kein Badender zu sehen – das Wasser war selbst für die ganz Mutigen noch zu kalt. Ich sann darüber nach, wie die Strände im Laufe der vorbeiziehenden Jahreszeiten ihr Gesicht verändern. In einem halben Jahr werden von Sonnenauf- bis Sonnenuntergang Menschen im Wasser sein. Zu dieser Jahreszeit ist das Meer jedoch eine glatte Oase, die verführerisch die Vorfreude auf die warmen Monate weckt.

Auch in unserem eigenen Leben gibt es Jahreszeiten und Zyklen, ganz egal, ob es sich um den offiziellen Eintritt in eine neue Phase handelt oder nicht. Wir können nicht an einer Phase festhalten, nur weil wir sie lieber mögen und darauf hoffen, dass die anderen Phasen einfach ausbleiben.

Wenn wir Veränderungen annehmen – unabhängig davon, ob es um eine persönliche Veränderung, den Wechsel der Jahreszeiten oder um den Wandel auf globaler Ebene geht –, kann das Leben natürlicher fließen. Es wird uns neue Phasen und Freuden bescheren, die wir uns niemals erträumt hätten.

Wie eine Badebucht, die darauf wartet, in den wärmeren Monaten Schwimmern Freude zu bereiten, öffne ich mich gegenüber den Freuden des Wandels, die sanft in meine Richtung wehen. Und das Gleiche wünsche ich natürlich auch Ihnen in Ihrer Welt.

4 Den Tod anerkennen

Ich bin auf unterschiedlichen Farmen aufgewachsen und kam daher regelmäßig mit Geburt und Tod in Berührung. Wir mussten zuweilen den Kühen helfen, ihre Kälber auf die Welt zu bringen, oder verwaiste Lämmer mit der Flasche aufziehen. Vor unseren Augen wurden Tiere getötet: Kühe, Schafe, Schlangen, Hühner und kranke Pferde. Für uns Kinder war der Tod damals etwas Endgültiges, das schlichtweg zur Verwesung eines Tieres führte. Ich kam gar nicht auf die Idee, diesen Vorgang mit jenem mythischen Himmel in Verbindung zu bringen, von dem wir in der Schule und in der Kirche erzählt bekamen.

Außerdem wurde mir erzählt, dass Gott überall sei, und da ich mit einer Religion aufwuchs, in der Schuld und Schuldgefühle eine große Rolle spielen, war ich oft erleichtert, wenn ich die Vorhänge in meinem Zimmer beiseitezog und niemand da war, der mich beobachtete.

Mittlerweile hat das Leben mich gelehrt, dass der Himmel nicht nur für die Sterbenden da ist, sondern jedem von uns offen steht, und zwar jetzt. In der Meditation habe ich innere Zustände erlangt, die unbeschreiblich beseligend sind und über unsere menschliche Alltagswelt hinausreichen. Derartiges können wir aber auch bei ganz normalem Bewusstsein erleben, wenn wir nämlich lernen, stärker im Jetzt zu sein und mehr Dankbarkeit zu empfinden. Solche Momente eines gesteigerten Bewusstseins stehen uns allen offen, wir erleben in ihnen eine überwältigende innere Freude.

Auch Tiere können Angst oder Liebe empfinden. Wie sehr der Tod von Tieren und der Tod von Menschen miteinander verbunden sind, begriff ich jedoch erst, als mein erster Patient starb. Bis dahin hatte ich zwar erlebt, dass Verwandte von mir gestorben waren, doch hatte ich davon wenig mitbekommen. Leider kommt das häufiger vor in der Gesellschaft, in der wir leben. Doch es nutzt niemandem, den Tod zu negieren. Es ist an der Zeit, dass wir ihm auf positive Weise ins Auge schauen.

Das Thema Tod jagt den meisten Menschen Angst ein, vor allem wenn sie einen modernen Lebensstil pflegen. Vielleicht ist es die Angst vor dem, was jenseits dieses Lebens liegt oder auch nicht liegt, oder die Angst vor dem konkreten Vorgang des Sterbens. Es kann die Angst sein, sich mit einem derartig grundlegenden Thema auseinandersetzen zu müssen. Oft ist es auch Angst davor anzuerkennen, dass sich das Leben tatsächlich dem Ende zuneigt, unabhängig davon, ob man all das, was man tun wollte, tatsächlich getan hat oder auch nicht. Und auf manche Menschen trifft vielleicht alles davon zu.

Der Tod verleiht unserem Leben Endgültigkeit (ob Sie nun an ein künftiges Leben glauben oder nicht). Dass wir dies leugnen, haben wir als Gesellschaft hervorgebracht, und es schadet uns.

Schauen wir den Tatsachen doch ins Gesicht. Sie werden sterben. Ich werde sterben. Wir alle werden einmal sterben! Aber statt diese Tatsache als ein unheilvolles Verdikt zu betrachten, können Sie den Tod auch annehmen und dadurch ein viel, viel besseres Leben führen. Nutzen Sie den Tod als eine Art Werkzeug für das Leben.

Sie werden nicht ewig hier sein. Jeder Tag Ihres Lebens ist ein Geschenk, vor allem, wenn Ihre Gesundheit Ihnen erlaubt, frei zu sein. Doch wie auch immer, es ist in jedem Fall ein Geschenk, mit dem es eines Tages zu Ende ist. Jeder Tag, den Sie leben, bedeutet einen Tag weniger, der Ihnen verbleibt. Warum machen wir also nicht das Beste aus dieser kostbaren Zeit, die uns geschenkt wurde?

In der Regel gehen wir davon aus, dass wir bei bester Gesundheit bis ins hohe Alter leben und dann friedlich im Schlaf in unserem Lieblingspyjama dahinscheiden. Aber bei den meisten Menschen klappt das so nicht. Niemand von uns will der Tatsache ins Auge blicken, dass er oder sie möglicherweise mit sechzig stirbt. Vielleicht werden Sie noch nicht einmal vierzig. Das ist die Wahrheit des Lebens.

Die Geschichte hat immer wieder gezeigt, dass einige von uns früher sterben als andere. Und es trifft nicht unbedingt immer nur andere Leute, Unbekannte aus Familien, die wir nicht kennen. Es sind wir. Manche Menschen müssen langjährige Krankheiten erleiden, die Freiheit eines gesunden Lebens kann ganz unerwartet verloren gehen; umso mehr müssen wir sie genießen, solange sie währt.

Wenn Sie also all dies wissen – was sollten Sie tun?

Fangen Sie damit an, dankbar zu sein, dass Sie heute am Leben sind; machen Sie sich dies zur Gewohnheit. Übernehmen Sie Verantwortung für Ihr Leben. Ändern Sie Ihre Prioritäten. Sie werden eines Tages sterben! Machen Sie sich das wirklich bewusst und feiern Sie das Geschenk des heutigen Tages. Sie sind *jetzt* lebendig. Machen Sie das Beste aus dieser unglaublichen Gnade des Lebens und den Geschenken, die es uns macht.

Was die anderen Ängste anbelangt, die den Tod betreffen, so lassen sich ihnen noch weitere positive Aspekte abgewinnen.

Ich habe sterbende Menschen erlebt, die über etwas gelächelt haben, das nur sie sehen konnten; es war ein so strahlendes Lächeln, dass ihr Glück darüber, wohin sie als Nächstes gehen würden, offensichtlich war. Mehrfach haben sie mir gezeigt, dass es etwas unglaublich Schönes gibt, dem wir entgegenblicken und auf das wir uns freuen können. Hier hat die Vorstellung vom Himmel als einem Ort oder Zustand der Liebe, der Anerkennung und der reinen Freude ihren Ursprung.

Das Wissen, dass jenseits von allem Liebe auf uns wartet, sollte viele Ängste zerstreuen; allerdings schreckt einige Menschen auch der Akt des Sterbens an sich. Glauben Sie mir: Der eigentliche Vorgang des Sterbens vollzieht sich rasch. Es ist nicht so, dass Ihr Geist über Tage hinweg in einer Art Tauziehen mühsam aus Ihrem Körper herausgezogen wird. Es geschieht schnell, so dass es keineswegs lohnt, davor Angst zu haben. Zudem werden Sie von Liebe umgeben sein, auch wenn es scheint, als stürben Sie mutterseelenallein auf Erden.

Wenn wir über ernste Themen sprechen, stellen wir uns der Wirklichkeit. Der Tod muss kein schauriges Thema sein. Vielleicht macht es Sie traurig, wenn Sie sich ehrlich mit dem Gedanken beschäftigen, dass jemand, den Sie lieben, nicht jeden Tag Ihres restlichen Lebens an Ihrer Seite sein wird. Doch wenn wir diesem Umstand ins Auge blicken – wird dann nicht die gemeinsam verbleibende Zeit noch kostbarer?

Somit bleibt noch die andere Angst – zu erkennen, dass es noch so vieles gab, was Sie tun wollten, und dass nun die Zeit knapp wird. Deshalb *haltet euch ran*, Freunde! Machen

Sie das Beste aus Ihrem Leben. Akzeptieren Sie die Tatsache, dass Sie unweigerlich sterben werden. Und seien Sie dankbar, dass Sie leben und dass Sie Entscheidungen treffen können.

Ihr Leben ist es unbedingt wert, gefeiert zu werden. Deshalb wünsche ich Ihnen ein angstfreies, aufrichtiges Leben, bis die Zeit für Ihren Abschied gekommen ist. Umarmen Sie Ihr Leben. Seien Sie heiter. Haben Sie Mut!

5   Überraschen Sie sich selbst

Als ich 17 wurde, schmissen meine Freunde eine Überraschungsparty für mich. Allerdings brauchte ich etwas, bis ich die Überraschung kapierte. Sie hatten mir erzählt, wir würden ungefähr zu zehnt zum Essen ausgehen. Als ich bei einer meiner Freundinnen klingelte, riefen stattdessen plötzlich dreißig Stimmen »Überraschung!« In meiner Naivität dachte ich zunächst, es kämen eben mehr Leute als erwartet zum Essen mit. Es dauerte ein paar Minuten, bis ich begriff, dass die Party dort stattfand (und ich über meine geheime Enttäuschung hinweg war, dass wir nicht zum Essen gehen würden!). Im Endeffekt wurde es aber ein heiterer, wunderbarer Abend mit riesigem Gelächter und viel Spaß – kurz, es war viel besser, als es im Restaurant jemals hätte sein können.

Obwohl ich damals etwas langsam in die Puschen kam, liebe ich Überraschungen. Vermutlich habe ich damit Glück, denn das Leben überrascht hin und wieder jeden von uns. Je offener Sie also Veränderungen und Überraschungen gegenüberstehen, desto weniger wird Sie das aus der Ruhe bringen. Die Überraschung, über die ich mich allerdings am meisten freue, ist die Überraschung darüber, wer ich bin, zu welchem Menschen ich geworden bin.

Wenn Sie zulassen, sich auf diese Weise überraschen zu lassen, dann wird der Prozess des Wachsens zu etwas Freudigem, statt von Kontrolle und Widerstand gekennzeichnet zu sein. Freude ist Ihr natürlicher Zustand. Um dahin zu gelangen, müssen Sie jedoch Mut und Entschlossenheit an den Tag legen, Sie müssen lernen, wann Sie die Zähne zusammenbeißen und durchhalten müssen und wann Sie lieber nachgeben. Und Sie müssen lernen, jene Grenzen zu sprengen, die wir unbewusst errichten, um den Grad unserer Freude und unseres Glücks einzuschränken. Zudem ist Vertrauen nötig sowie Begeisterung über die positive Überraschung angesichts dessen, wer Sie sind und wer Sie im Begriff sind zu werden.

Während Sie Schritt für Schritt vorankommen, eine kleine Veränderung nach der anderen vornehmen, verlieren alte Gewohnheiten ihre prägende Kraft. Allerdings lassen sie sich nicht ohne weiteres verscheuchen. Wenn Sie merken, dass Sie wieder in alte Glaubensmuster zurückfallen, die negativ sind und Sie einschränken, dann gehen Sie sanft und nachsichtig mit sich um. Es ist ein Prozess, und zwar einer, der sich nicht von heute auf morgen vollzieht.

Während Sie dabei sind, Neues zu lernen – staunen Sie über das Mysterium Ihrer Person; zuweilen ist man sich ja selbst ein solches Mysterium. Die Entfaltung eines Menschen, der bewusst versucht, sich zu vervollkommnen, hat etwas Magisches. Lächeln Sie sanft über neue Entdeckungen, lachen Sie darüber und lassen Sie sich davon überraschen, zu welch erstaunlichem Menschen Sie gerade werden. Beglückwünschen Sie sich selbst. Lassen Sie es eine freudige Entwicklung werden, so gut es Ihnen eben möglich ist.

Sie werden genau zu dem Menschen, der zu werden Ihr Herz immer gehofft hatte. Es braucht dafür lediglich Zeit,

Liebe, Geduld und Offenheit gegenüber der positiven Überraschung darüber, wer Sie wirklich sind. Das ist bei weitem die beste Überraschung, auf die Sie jemals hoffen können. Glückwunsch. Sie sind unterwegs.

6   Jeder neue Tag ist schön

Wie schön ist es, mit der natürlichen Freude eines Vogels oder eines Babys zu erwachen; aufzuwachen mit dem einzigen Ziel, aus purer Lebenslust zu singen und zu lachen.

Es ist Frühling, und orangenfarbene Schmetterlinge flattern paarweise umher. Die Sonne scheint hell durch die Bäume, und ich sitze auf meiner Veranda und genieße diesen wundervollen Morgen. Es wird ein heißer Tag werden. In der Mittagssonne wirkt dieser Ort dann wie ausgestorben. Aber früh am Morgen ist alles noch frisch und herrlich.

Selbst wenn man nicht mehr die Unschuld und das blinde Vertrauen eines Babys hat, den neuen Tag willkommen heißen, das können wir trotzdem noch. Manchmal ist es wirklich erstaunlich, wie der Schlaf einer einzigen Nacht uns in ein vollkommen neues Kapitel unseres Lebens führen kann. Die Tränen und Enttäuschungen der vergangenen Wochen oder Monate werden zur rechten Zeit weggespült, und wenn Sie aufwachen, blicken Sie mit klareren Augen und leichterem Herzen in die Welt hinaus.

Natürlich weiß man nicht im Vorhinein, welche Nacht diesen erholsamen Schlaf und den positiven Wandel bringen wird. Aber wenn Sie aufwachen, wissen Sie, dass das

Schlimmste hinter Ihnen liegt, dass das Gewitter vorbei ist. Zwar gibt es nach dem Gewitter einiges aufzuräumen – Sachen müssen zurechtgerückt werden –, aber Sie spüren, dass Sie nun die dafür nötige Kraft und Energie haben. Und wenn wir beim Aufräumen Unterstützung brauchen, werden wir sie auch bekommen. Jedenfalls ist es hilfreich, dieser Möglichkeit gegenüber offen zu sein.

Allerdings ist es ebenso wichtig, dass es zuvor Zeiten gab, in denen wir nichts getan haben, sondern loslassen konnten; Zeiten, in denen wir einfach auf unsere Gefühle gelauscht und ihnen Ausdruck verliehen haben. Wenn es solche Zeiten nicht gäbe, was würde dann aus dem Wachstum? Wie könnte man je einen schönen Morgen bemerken und genießen, wenn es nicht auch Dunkelheit und Gewitter gäbe?

Jeder Tag bietet uns die Möglichkeit, einfach dazusitzen und den neuen Morgen auf uns wirken zu lassen; zu erkennen, dass wir bereit sind, einen Schritt weiter zu gehen. So schöpfen wir Hoffnung und regenerieren uns. Und selbst wenn es noch ein wenig dauert, bis Ihnen danach zumute ist, sich auf den Rücken zu legen und wie ein fröhliches Baby mit den Beinen in der Luft zu strampeln oder auf einen Baum zu klettern und wie ein Vogel zu zwitschern, so ist es doch ein neuer Tag – und Sie sind hier.

Ein entzückender Vogel neckt mich. Er ist winzig und fliegt in meiner Nähe umher, kommt mir aber nie zu nahe. Er singt und lacht, so dass ich lächeln muss. Insekten schwatzen miteinander. Das Herz ist weit offen. Ein neuer Tag ist da.

7 Flexibel sein

Manchmal verfängt man sich in seiner eigenen Routine. Manchmal ist Routine nützlich. Doch manchmal ist das nicht der Fall. Manchmal weiß man noch nicht einmal, wonach man sich sehnt. Man weiß nur, dass es nicht das Leben ist, das man gerade führt. Und dann geschieht es zuweilen, dass die gewohnheitsmäßigen Abläufe, die einem viele Jahre gute Dienste geleistet haben, die für Balance in der eigenen Lebensführung gesorgt haben, nicht mehr funktionieren.

Viele Menschen stecken in festen Abläufen fest, ohne so recht den Grund dafür zu kennen. Eine von Menschenhand gemachte Uhr bestimmt die Essenszeiten, nicht die biologische Uhr, die Bescheid gibt, wenn wir hungrig sind. Der morgendliche Tee muss um zehn Uhr getrunken werden. Mittagessen gibt es um Punkt zwölf; falls nicht: Gott bewahre!

Am Samstagvormittag wird das Haus geputzt oder eingekauft. Der Jahresurlaub findet immer zur gleichen Zeit statt. Wenn sich der Zug um 7.36 Uhr um fünf Minuten verspätet, dann ist der ganze Tag im Eimer.

Doch die Dinge ändern sich, genau wie wir selbst. Versuchen Sie also, mit den Veränderungen mitzugehen, anstatt sich ihnen zu widersetzen. Seien Sie flexibel, denn die gleiche Routine, die in der Vergangenheit gut für Sie war, wird eines Tages möglicherweise zu ebender Routine werden, aufgrund derer Sie sich eingesperrt und leer fühlen.

Es geht darum, das Bedürfnis nach absoluter Kontrolle fahren zu lassen. Ich meine – ist es denn jemals so, dass Sie in Ihrem Leben wirklich alles unter Kontrolle haben? Nein. Das ist bei keinem so. Vielleicht denken Sie, dass Sie alles unter Kontrolle haben, und dann pfeffert Ihnen das Leben ein verzwicktes Problem vor die Füße, welches all Ihre Pläne durchkreuzt. Und auf einmal suchen Sie nach einem Ausweg aus dem unerwarteten Dilemma.

Klar, eine gezielte Ausrichtung ist großartig. Aber gleichzeitig müssen Sie flexibel sein. Die schönsten Belohnungen, die mir in meinem Leben zuteilwurden – von neuen Möglichkeiten, die sich plötzlich vor mir auftaten, bis zu einem überraschenden Wiedersehen mit verschollen geglaubten Freunden –, stellten sich ein, wenn ich flexibel blieb und offen für Veränderungen war.

In Australien ist gerade Frühling. In meiner Gegend sowie weiter im Norden und im Westen stehen die Jacaranda-Bäume in voller Blüte. Jedes Jahr verschönern diese bezaubernden Bäume die Städte und Umgebungen mit ihrer herrlichen lila Pracht, sie sind dann rundum mit Blüten bedeckt. Wenn die Blüten abfallen, breitet sich ein lilafarbener Teppich rund um den Stamm aus. Es sind wunderschöne Bäume, und die Menschen lieben sie. Während der übrigen Monate, in denen sie nicht blühen, gelten sie mit ihren großen Ästen voller Blätter als verlässliche Schattenspender.

Früher begann am ersten Wochenende im Oktober – das ist bei uns ein langes Wochenende – die Jacaranda-Saison. Immer. Die Gemeinden planten Festivals und andere Ereignisse für Touristen um diese lila Blütezeit herum. Doch die Dinge haben sich geändert. Die Jahreszeiten haben sich verändert. Die Bäume blühen inzwischen nicht mehr jedes Jahr zur gleichen Zeit. Der Jacaranda-Baum vor meinem Cottage hat in diesem Jahr noch gar nicht geblüht, und dabei ist es bereits November. Letztes Jahr habe ich einen Baum im Dezember blühen sehen.

Das Leben verändert sich, und um es am besten genießen zu können, ist es am einfachsten, wenn man das akzeptiert und flexibel bleibt. So wie die Jahreszeiten sich verändern und man nicht mehr darauf zählen kann, dass sie so bleiben wie einst, so ändert sich auch unser Leben. Es gibt auf der Welt keinen Erfolg, kein Ergebnis, das garantiert wäre, bis auf Tod und Veränderung.

Mag die Routine für Sie in manchen Bereichen also sehr nützlich sein, so gilt das Gleiche für Flexibilität. Lockern Sie die Einschränkungen von Routine und Kontrollen, denn auf diese Weise öffnen Sie sich für das Gute und für den natürlicheren Fluss des Lebens.

Nehmen Sie sich einen Tag mitten in der Woche frei oder tauschen Sie sich mit Ihren Freunden einmal beim Frühstück aus statt bei einem Abendessen; oder lassen Sie Ihre Kinder selbst bestimmen, was sie anziehen wollen, egal, wie sehr Ihnen deren kreative Entscheidungen gegen den Strich gehen mögen – all das sind Momente des Loslassens, Momente der Flexibilität.

Flexibilität beschert uns Überraschungen und Vergnügungen, die sich nur einstellen können, wenn wir nicht so festgefahren sind. Wenn Sie also im Geiste Ihre üblichen Verrichtungen für die kommenden Tage durchgehen, dann probieren Sie doch mal, ob Sie das Ganze nicht ein wenig auflockern können. Fragen Sie sich, ob Sie den Zeitpunkt nicht verschieben können, und beschließen Sie, stattdessen etwas anderes zu tun. Oder nehmen Sie sich gar nichts vor. Gehen Sie einfach spazieren und spüren Sie, was mit Ihrer

Zeit geschieht, wenn Sie auf Routine, Kontrolle und feste Abläufe verzichten.

Das Wagnis, aus der selbst auferlegten Gleichförmigkeit einmal auszuscheren, wird immer belohnt und führt zu etwas Lustigem. Doch wenn Sie es nicht ausprobieren – wie wollen Sie je erfahren, welcher Art Vergnügen und Belohnungen Sie versäumen?

8 Über das Missverstandenwerden

Uns allen passiert es zumindest hin und wieder, dass wir missverstanden werden. Denn wie kann man andere Menschen jemals *absolut* verstehen, wo jeder in seinem Leben einen anderen Weg gegangen ist und völlig verschiedene Erfahrungen gemacht hat? Das ist unmöglich. Sie können es versuchen. Sie können sich in die Lage eines anderen hineinversetzen und ihm Empathie entgegenbringen, klar. Aber Sie können andere Menschen nicht in jeder Hinsicht und auf jeder Ebene verstehen, da wir alle auf wunderschöne Weise einzigartig sind.

Es gibt jedoch jene seltenen Augenblicke, in denen Sie jemandem begegnen, der Sie – ungeachtet Ihrer jeweiligen Lebensumstände – *unmittelbar versteht*, und zwar nicht so, wie Freunde einen im Allgemeinen verstehen, sondern als jemand, der begreift, wie Sie ticken, ohne dass weitere Erklärungen nötig sind. Vielleicht verstehen solche Menschen Sie nicht *absolut*, dennoch ist das Ausmaß ihres Verständnisses tröstlich und spendet ein beispielloses Gefühl der Zugehörigkeit.

Allerdings sind solche Menschen selten. Manchmal haben wir das Glück, eine solche Verbindung zu unserem Partner, einem Freund oder einer Freundin, einem Familienmitglied oder einem Arbeitskollegen zu haben. Es ist wichtig, derartige Verbindungen aus tiefstem Herzen zu schätzen, denn sie sind ein außergewöhnliches Geschenk.

Dann wieder gibt es Zeiten, in denen Sie anderen Menschen nur bis zu einem gewissen Grade verbunden sind. Für Sie mag es der beste Kumpel auf der Welt sein, der bezauberndste Partner, oder was auch immer, und dieses Gefühl hält vielleicht Jahre, Monate oder auch nur für kurze Zeit an. Eines Tages betrachten Sie den anderen dann mit einem klareren Blick und erkennen, dass die Freundschaft und/oder die Beziehung Ihnen in Wirklichkeit gar nicht so guttut, wie Sie einst dachten.

Vielleicht musste immer alles so geschehen, wie der andere es wollte, oder Sie entwickelten sich auseinander, oder Sie erkennen, dass Ihre grundlegenden Werte letztendlich gar nicht zueinanderpassen. Wie auch immer, die Dinge ändern sich. Wir alle wachsen und entwickeln uns fortwährend weiter. So kommt es, dass einige Freundschaften und Beziehungen Bestand haben, andere wiederum nicht. Das gehört zum Leben und zur Unbeständigkeit nun einmal dazu.

Während Sie lernen, Ihrem eigenen Herzen zu folgen und sich selbst mit der Liebe zu begegnen, die Sie auch anderen schenken, kann es allerdings passieren, dass man Sie vollkommen missversteht. Jemand, der Sie bereits in eine bestimmte Schublade gesteckt hatte, hält Ihnen möglicherweise vor, dass Sie ein anderer geworden sind, nur weil Sie nicht seinen Erwartungen entsprechen. Dabei besteht Ihr einziges Vergehen darin, dass Sie sich selbst mit der gleichen Liebe begegnen, die Sie anderen schenken.

Mitunter erfordert das viel Mut. Sich von jemandem zu

lösen, der einem immer noch etwas bedeutet, aber von dem man, wenn man tief in sich hineinhorcht, weiß, dass seine Gegenwart einem nicht wirklich guttut – und dabei spielt es keine Rolle, welche Züge dieser Person es waren, die einem die Augen geöffnet haben –, ist auch für einen selbst nicht immer so einfach, wie jener Mensch vielleicht glaubt.

Derartige Entscheidungen können einem das Herz zerreißen, insbesondere wenn Ihr Verstand Sie immer wieder an Eigenschaften dieser Person erinnert, die wirklich liebenswert sind. Aber lange lässt sich die innere Stimme der Weisheit nicht unterdrücken. Sie wird nicht aufhören, Sie daran zu erinnern, dass es an der Zeit ist, Ihren eigenen Bedürfnissen Rechnung zu tragen, und dass es trotz Ihrer gemeinsamen Vergangenheit an der Zeit ist, loszulassen und nach vorn zu schauen.

Nicht nur für die Person, die zurückgelassen wird, ist das schmerzhaft. Es kann extrem wehtun, Freundschaften oder Beziehungen, die auch viele gute Seiten hatten, zu beenden. Aber wenn Sie weiterkommen wollen, können Sie Ihre Gefühle nicht mehr auf jener Ebene mit der betreffenden Person teilen; denn sonst würden Sie wieder in der ungesunden Beziehungsdynamik landen, die sich nach dem Willen des anderen richtete.

Einige Beziehungen und Freundschaften sind es auf jeden Fall wert, daran zu arbeiten. Das erstaunliche Wachstum, das ehrlicher Kommunikation und emotionaler Reife folgen kann, ist heilend und im besten Sinne lebensverändernd. Zuweilen jedoch sagt Ihnen Ihr Herz wieder und wieder, dass es an der Zeit ist loszulassen. Wenn Sie eine solche Freundschaft oder Beziehung lösen, führt das möglicherweise zu großen Missverständnissen; es kann sein, dass Sie dafür verurteilt werden, oder man wirft Ihnen vor, nicht der Mensch zu sein, für den man Sie gehalten hat.

Aber Sie können sowieso nicht kontrollieren, wie andere reagieren. Wenn Sie das wollten, dann wären Sie Ihr ganzes Leben damit beschäftigt, Ihre eigenen Handlungen zu überwachen und zu revidieren, um sicherzugehen, dass jeder Mensch, dem Sie je begegnet sind, Sie mochte und verstanden hat – und dennoch würde es Ihnen nie gelingen. Das ist nun einmal das Wesen unseres Herzens und unseres Verstandes; sie sind frei zu fühlen und zu denken, was immer sie wollen. Und darauf haben Sie bei anderen Menschen keinerlei Einfluss.

Sie können nur Ihr Bestes geben, damit andere Sie verstehen und insbesondere dass Sie selbst sich und Ihre innersten Bedürfnisse verstehen. Ihre eigene Liebe zu kennen und auf Ihr Herz zu hören ist ein Teil davon, selbst wenn Ihr Herz Ihnen rät, einen Weg einzuschlagen, von dem Sie wissen, dass er für Sie (und möglicherweise auch für andere) schmerzvoll sein wird. Aber wenn Sie nicht auf Ihr Herz hören, bedeutet das auf lange Sicht noch viel mehr Leid.

Aufrichtigkeit erfordert Mut. Zuweilen gilt das auch fürs Schweigen. Alte Muster zu lösen, sich nicht fortwährend zu erklären und zu wissen, dass man Sie sowieso missverstehen wird – all das ist manchmal notwendig, damit Sie Ihrem eigenen Herzen und Ihrer Gesundheit Rechnung tragen können. Eine Freundin von mir lebt nach dem Motto »Never complain, never explain« – »Verzichte auf Beschwerden und Erklärungen«. Ich finde diesen Spruch super, denn manchmal sind Erklärungen sehr anstrengend und lohnen sich überhaupt nicht.

Natürlich sollen Sie Mitgefühl für andere haben. Aber manchmal muss dieses Mitgefühl ein distanziertes Mitgefühl sein mit einem gewissen Abstand. Eine solche Art von Empathie vertraut darauf, dass der andere auf seiner eigenen Reise ist und dass Sie beide die Rolle im Leben des anderen gespielt haben, die für Sie vorgesehen war, um so den Weg für das Wachstum zu ebnen, das jeder von Ihnen – für sich – nun erlebt.

Loslassen ist nicht immer leicht. Aber manchmal ist es absolut notwendig.

Nichts zu sagen ist ebenfalls nicht immer leicht. Aber manchmal ist auch das notwendig.

9   Vogel und Stier

Ein Gartenfächerschwanz, bei uns Willy Wagtail genannt, sitzt auf dem Sims der Veranda, während ich hier schreibe. Die Vogelart ist entzückend, und speziell dieser hier ist mittlerweile fester Bestandteil meines Tages.

Vor einiger Zeit vollzogen sich gravierende Veränderungen in meinem Leben, und einiges davon war nicht unbedingt angenehm, doch die atemberaubend schöne Landschaft, in der ich lebe, erwies sich als das perfekte Gegenmittel. Wenn ein Tag besonders schwierig war, tauchte unweigerlich dieser kleine Vogel auf und saß still in meiner Nähe. Ich bildete mir ein, dass es ein Weibchen war, weil sie über so mütterliche und fürsorgliche Instinkte verfügte.

Eines Tages telefonierte ich auf der Veranda mit meiner Freundin am anderen Ende der Leitung und brach dabei in lautes Lachen aus. Da lachte auch Willy Wagtail los und stimmte mit mir ein großartiges fröhliches Lied an. In dem Moment erkannte ich, wie sehr der Vogel und ich miteinander verbunden waren. Tiere haben ein Gespür für Menschen, die Tiere lieben.

Vor einigen Wochen gab es einen Aufschrei, als in den Nachrichten von einem jungen Mädchen berichtet wurde, das lachend lebendige Welpen in einen Fluss geworfen hatte. Kurz zuvor war eine Frau festgenommen worden, weil sie eine Katze in eine Mülltonne geschmissen hatte, und ein Junge war dabei gefilmt worden, wie er einen Hund von einer Brücke warf. Der Aufschrei war absolut berechtigt. Es bricht einem das Herz, wenn man erleben muss, wie arrogant Menschen zuweilen andere Lebewesen behandeln. Auch Tiere haben das Recht, hier zu sein. Die Erde gehört auch ihnen.

Der Anlass, warum ich über dieses Thema überhaupt schreibe, war die Lektüre eines Zeitungsartikels letzte Woche. Er handelte von einer Frau, die in Spanien von einem Stier überrannt worden war. In dem Artikel ging es nur um die Verletzungen der Frau, nicht um den Stier. Es ist jedoch keineswegs normal, dass ein Tier eine Straße entlangrennt, Furcht hat, verfolgt und dabei angeschrien wird – auch nicht für einen Stier. Natürlich verhält er sich dann irrational. Er hat Angst.

Als Gesellschaft empören wir uns also, wenn Welpen verletzt oder misshandelt werden, und das ist auch ganz richtig so. Aber warum tun wir das nicht, wenn Gleiches anderen Tieren widerfährt? Das bereitet mir nach wie vor Kopfzerbrechen, auch wenn ich sehr froh darüber bin, dass in Spanien offensichtlich eine Bewegung wächst, die diese fürchterliche Sitte unterbinden will.

Es ist kein Geheimnis, dass ich kein Fleisch esse und dass ich Tiere liebe. Aber da ich in einer vollkommen anderen Welt als der, in der ich jetzt lebe, aufgewachsen bin, respektiere ich durchaus den Umstand, dass alle Menschen das Recht haben, so zu leben, wie es sich für sie natürlich anfühlt. Selbstverständlich wäre die Welt ein wunderbarer Ort, wenn Tiere nicht getötet würden. Aber bis dahin wird es noch lange dauern, falls es je dazu kommt.

Ich verurteile niemanden, der Fleisch isst. Viele Menschen,

die ich liebe, essen Fleisch. Was mich jedoch traurig stimmt, ist fehlendes Mitgefühl. Die meisten Menschen verschwenden keinen Gedanken an das, was sie da tun. Sie berücksichtigen nicht im Mindesten die Gefühle der Tiere. In gewisser Weise verstehe ich es vermutlich schon, da die Wahrheit ziemlich unangenehm ist.

Das Cottage, in dem ich wohne, während ich an diesem Buch schreibe, ist eines von fünf Häusern, die über einige Tausend Morgen Land verteilt sind. An dem Fleckchen, wo ich lebe, ist die Umgebung besonders reizvoll, weil ein kleiner Bach vorbeifließt. Auf dem Gelände befindet sich ebenfalls ein Berg, von dem man bis hin zur Küste blicken kann. Nachdem ich viele Jahre lang Häuser gehütet habe, zu denen perfekt gepflegte Gärten gehörten, ist es herrlich, an einem Ort zu sein, an dem es egal ist, wie hoch das Gras gerade wächst. Wilde Blumen dürfen hier blühen, und manchmal kommen Pferde hierher und fressen das Gras.

Die Natur bietet unglaublich viel zum Beobachten. Aber eines der entzückendsten Erlebnisse bislang hatte ich letzte Woche. Ich nahm ein ungewohntes Geräusch draußen wahr, blickte hinaus und sah das Hinterteil eines riesigen Stiers, der in den Garten marschiert war. Ich hatte ihn noch nie gesehen, war aber froh, dass der Rasen gemäht wurde. Es ist Frühling, und das Gras wächst schließlich schnell wieder nach.

Ein paar Minuten später hörte ich wieder ein Geräusch, drehte mich um und sah, dass der Bulle seinen Kopf durch die Hintertür steckte. Zwar bin ich mit Vieh aufgewachsen und weiß, dass diese Tiere durchaus freundlich sein können, wenn man sie gut behandelt. Aber ich habe noch nie einen Stier so etwas tun sehen, geschweige denn einen derart riesigen Stier. Ich sagte »Hallo«, damit er meine Stimme hörte und nicht erschrak, sobald er mich sah.

Er drückte sich weiter an der Tür herum, also ging ich zu ihm hin. Zunächst bewegte er sich nicht, aber als ich ihn tätscheln wollte, reagierte er unschlüssig und atmete schwer. Offenbar überlegte er, ob er nun bleiben oder gehen sollte. Also setzte ich mich vor ihn hin und versuchte es noch einmal. Nun war ich auf Augenhöhe mit ihm, und tatsächlich erlaubte mir diese riesige Kreatur, sie zu streicheln. Er war unsicher, zögerte immer noch ein wenig. Aber als ich aufhörte, ging er nicht weg. Also machte ich weiter, und er ließ es zu. Am Ende schloss er seine Augen und genoss es, eine Minute lang etwa. Dann marschierte er davon und fraß weiter Gras.

Eine Stunde später las ich dann den Artikel über die Frau in Spanien, die von einem Stier verletzt worden war, und empfand sofort tiefes Mitleid mit dem Tier. Ich dachte daran, was für ein sanftes Naturell dieser Stier hier bei mir hatte, sobald einmal Vertrauen hergestellt war.

Als ich später über die Koppel ging, hörte ich den vertrauten Ruf von Willy Wagtail. Sie begleitet mich, wohin ich gehe, und wenn ich sie nicht bemerke und nicht auf sie reagiere, singt sie laut in meine Richtung. Sobald ich ihr meine Aufmerksamkeit schenke, fliegt sie voraus und wartet auf dem nächsten Zaunpfahl. Ich liebe das.

Gestern hörte ich sie wieder singen und sah zum Zaun hin. Dort saß die kleine Willy Wagtail doch tatsächlich zwischen den Ohren des mächtigen Stiers. Wenn es je einen Augenblick gab, an dem ich mir einen Fotoapparat gewünscht hätte – das wäre er gewesen.

Ich dachte darüber nach, wie selbstverständlich sich Vögel auf Kühen und Pferden niederlassen und dabei ganz genau wissen, dass sie willkommen sind und keine Angst haben müssen. Doch nur sehr wenige Vögel lassen sich auf einem Menschen nieder, es sei denn, sie haben eine Beziehung zu ihm. Offensichtlich flößt ihr kollektives Unbewusstes den Vögeln Angst vor den Menschen ein. Und nach Jahrhunderten der Jagd auf Enten und der Hühnerzucht kann man es ihnen nicht verdenken.

Heute Morgen lief der Stier wieder in den Garten. Ich machte mit dem, was ich draußen tat, einfach weiter, und keiner von uns störte den anderen. Es war symbiotisch.

Die Natur erstaunt mich nach wie vor jeden Tag auf die eine oder andere Weise. Sie kann uns so viel lehren, wenn wir dafür offen sind. Selbst in Städten gibt es kleine grüne Flecken, durch die uns die Natur inspirieren kann. Um ein echtes Gleichgewicht zu bewahren, ist es für uns alle absolut notwendig, etwas Zeit in der Natur zu verbringen – so oft, wie es eben möglich ist.

Ich hoffe, dass auch in Ihrer Welt Vögel singen. Und wenn das der Fall ist, hoffe ich, dass Sie es auch bemerken! Wir können viel von unseren Mitbewohnern auf diesem großartigen Planeten lernen. Das Leben spricht zu uns in vielen Sprachen. Wir müssen nur zuhören.

10 Die Entscheidung zum Glücklichsein

Mein größtes Glück war es, mit 44 auf natürlichem Wege schwanger zu werden und zwei Wochen vor meinem 45. Geburtstag meine Tochter Elena auf die Welt zu bringen. Sie können sich vorstellen, dass sich mein Leben mit der Mutterschaft enorm verändert hat.

Jeder, der selbst Kinder hat, weiß, dass die Elternschaft einer der schwierigsten Jobs überhaupt sein kann. Aber es kann auch der allerschönste sein. Am meisten Freude bereitet es mir, morgens aufzuwachen und in das Gesichtchen meiner Tochter zu blicken, die darauf wartet, die Welt mit einem Enthusiasmus zu begrüßen, der hochansteckend ist.

Dieses kleine Kind lehrt mich viel über das Leben. Es macht mich geradezu traurig, wenn ich daran denke, wie frei wir geboren werden und wie eingeschränkt wir später mitunter existieren. Ich entscheide mich jedoch bewusst dafür, mich inspirieren zu lassen und mich in regelmäßigen Abständen mit dem kleinen Mädchen, das tief in mir steckt, in Einklang zu bringen. Es ist immer noch da, so wie das kleine Mädchen oder der kleine Junge auch in Ihnen noch verborgen ist. Jener Teil von Ihnen weiß, wie Sie glücklich sein können, und möchte, dass Sie wieder Leichtigkeit verspüren; er will Sie daran erinnern, dass das Leben in Wahrheit ein Geschenk der Freude ist.

Wie also verbindet man sich mit dem Zustand natürlichen Glücks? Sie entscheiden sich dafür, so einfach. Und zwar Schritt für Schritt. Auch wenn das Leben Sie immer wieder mit Herausforderungen und Wachstum konfrontiert – Ihnen bleibt das Recht, frei zu entscheiden, worauf Sie sich konzentrieren wollen.

In den Jahren, die ich mit Sterbenden verbrachte, verursachte bei vielen von ihnen diese Erkenntnis – dass Glücklichsein eine Frage der Entscheidung ist – die größte Reue. Die Geschichten, die sie mir anvertrauten, brachen mir das Herz; im Rückblick wurde ihnen bewusst, dass sie sich zu stark von der Meinung anderer hatten leiten lassen, statt von ihrem eigenen Anspruch auf ein glückliches Leben. Noch trauriger war für sie die Erkenntnis, dass sie in Wirklichkeit die ganze Zeit über eine Wahl gehabt hätten.

Wenn Sie chronische Schmerzen haben, wenn Sie beispielsweise unter einer lähmenden Krankheit leiden, könnten Sie nun fragen: Was, bitte, soll daran glücklich machen? Aber begegnet Ihnen nicht dennoch von Zeit zu Zeit ein Lächeln von jemandem, der sich um Sie sorgt? Arbeitet Ihr übriger Körper nicht auf hervorragende Weise und versorgt Ihre anderen inneren Organe? Gibt es denn keine Geräusche aus der Natur, die Sie inspirieren und die Sie genießen können?

Wie groß die Herausforderungen auch sein mögen, die das Leben Ihnen vor die Füße pfeffert, Sie können trotzdem bewusst die Entscheidung treffen, Ihre Aufmerksamkeit auf etwas Schönes zu richten. Damit leugnen Sie keineswegs die Realität, denn die neuen Dinge, auf die Sie sich konzentrieren, sind ein Teil davon. Ein schlechter Tag, eine schlechte Woche müssen nicht unbedingt ein schlechtes Leben bedeuten. Empfinden Sie Ihre Trauer, Ihre Wut oder was auch immer gefühlt werden muss. Und dann entscheiden Sie sich wieder für das Glücklichsein.

Zudem müssen Sie einsehen, dass Sie es wirklich wert sind, glücklich zu sein. *Sie sind es wert.* Kultivieren Sie Selbstliebe, Selbstvergebung, Dankbarkeit und natürlich bewusste Entscheidungen, dann werden Sie das auch annehmen können. Seien Sie gut zu sich selbst. Es ist ein neuer Anfang. Finden Sie etwas, das Sie zum Lachen bringt, selbst wenn es nur für einen kurzen Moment ist. Das muss man üben, aber wie überall sonst macht auch hier Übung den Meister.

Das Verrückte am Leben ist, dass es am besten fließt, wenn Sie glücklich sind. Der glückliche Mensch sorgt also für mehr »glückliche Zufälle« als jemand, der sich stets am Negativen ausrichtet. Es ist bequem, einfach auf eine Veränderung in seinem Leben zu warten, die einen bitte schön glücklich machen soll – ein neuer Job, eine neue Beziehung oder sonst etwas Neues. Leider funktioniert es mit der Veränderung andersherum. Erst kommt das Glücklichsein. Dann folgt der Rest. Wie auch immer Ihre Lage gerade sein mag, der einzige Weg, um Veränderungen zu bewirken und etwas zu verbessern, besteht darin, dass Sie sich geistig und körperlich Mühe geben, glücklicher zu sein. Lächeln Sie Menschen auf der Straße an, treiben Sie Sport, beobachten Sie das Leben, dann werden Sie über die erstaunlichsten Dinge lächeln können. Ihr Herz wird es Ihnen danken.

Begeisterung und Freude sind auf die bestmögliche Weise ansteckend. Glücklichsein zieht Glück an, je glücklicher Sie also sind, desto glücklicher werden Sie!

Dies ist Ihr Leben. Gestalten Sie es mit Freude, Schritt für Schritt.

11 Was ein einziger Tag bewirken kann

Gestern Abend hat es die ganze Zeit über leicht geregnet. Das sanfte Geräusch der Tropfen auf dem Blechdach wiegte uns in den Schlaf.

Zum ersten Mal seit langem schlief meine Tochter tief und fest. Deshalb fühlte ich mich beim Aufwachen einigermaßen normal und viel leistungsfähiger als sonst in letzter Zeit. Alles fühlte sich so viel natürlicher an, als wenn man in jenem halbwachen Zustand ist, der sich nach Monaten unterbrochenen Nachtschlafs einstellt!

Als die Sonne aufging, warfen ihre Strahlen reines, ungefiltertes Licht auf den Vorgarten. Gestern war alles grün gewesen. Nach dem Regen am Vorabend hat der Rasen heute ein herrliches Gelb, da das Herbstlaub nun allmählich herabfällt. Vom erholsamen Schlaf war mein Kopf klarer, ich fühlte mich ganz anders als am Vortag und dachte, was ein einziger Tag doch bewirken kann.

Morgen werden wir zu einem Kurzurlaub aufbrechen. Der Unterschied nach einem weiteren Tag wird darin liegen, dass wir das Leben von einem anderen Ort aus betrachten werden, aus einer neuen Perspektive. Manchmal führt auch in Ihrem Alltag ein einziger Tag zum entscheidenden Unterschied.

Wenn Sie gerade eine schwierige Phase durchmachen, eine Zeit versteckten Wachstums, dann spüren Sie möglicherweise erstmals nach langer Zeit wieder einen kleinen Hoffnungsschimmer in Ihrem Herzen. Die physischen Veränderungen sind vielleicht unscheinbar, aber jener Tag, an dem der Hoffnungsschimmer wieder da ist, ist der Wendepunkt.

Dann wieder gibt es Zeiten, in denen es zu dramatischen Veränderungen kommt und Sie ganz deutlich daran erinnert werden, wie schnell sich das Blatt wenden und was für einen positiven Unterschied ein einziger Tag bewirken kann.

Manchmal braucht es dafür ein spezielles Gespräch, eine Regennacht oder etwas anderes Greifbares, irgendetwas, das Sie physisch bestimmen können. Doch es kommt auch vor, dass sich etwas in Ihrem Bewusstsein unterschwellig verschiebt; dafür muss es keinen offenkundigen Grund geben, es reicht, dass Sie innerlich an einen bestimmten Punkt gelangt sind, auch wenn Ihnen gar nicht bewusst gewesen sein mag, dass eine solche Bereitschaft im Anmarsch war.

Auf einmal fühlt sich das Leben wieder leichter an, die Dinge wirken machbarer. Sie fühlen sich leistungsfähig und gereinigt.

Es hilft, sich daran zu erinnern, dass jeder von uns solche Zeiten durchmacht. Man kann auf diese Weise viel Energie sparen, wenn man sonst immer versucht, die Dinge selbst zu deichseln. Manchmal kommt es eben einfach vor, dass Sie als ein anderer Mensch aufwachen, mit leichterem Herzen, bereit für einen kleinen Hüpfer.

Was ein einzelner Tag doch bewirken kann!

12   Vom Ego lösen

Vor einigen Jahren leistete ich Freiwilligendienst in einem Meditationszentrum in den Bergen, das ich oft besuchte. Dort arbeiten ausschließlich Ehrenamtliche – sie alle opfern ihre Zeit aus dem Wunsch heraus, genauso wie andere es ihnen ermöglicht haben, von einem Meditationskurs zu profitieren, den gleichen Dienst nachfolgenden Teilnehmern zu leisten.

Während jener Jahre half ich dort recht häufig aus. Wenn ich nicht gerade etwas zu tun hatte, nutzte ich jede freie Minute, um selbst in einem Kurs zu meditieren. Es war ein besonderes Kapitel in meinem Leben, in dem sich ein enormer Heilungsprozess vollzog.

Es gab unterschiedliche Einsatzmöglichkeiten als Helfer, doch man konnte nicht angeben, welche Aufgaben man am liebsten übernehmen wollte. Schließlich waren wir da, um anderen zu dienen, wo auch immer man uns brauchte. Ich schätzte mich glücklich, dass ich oft die Rolle ausfüllen durfte, die mir ohnehin Spaß machte, nämlich die weiblichen Teilnehmer zu betreuen. Aber manchmal habe ich auch in der Küche oder im Garten gearbeitet, habe geputzt oder Büroarbeiten erledigt.

Während eines Kurses war ich für die Küche eingeteilt. Die Leitung der Küchenarbeit war einer reizenden Dame zugefallen, die eine erfahrene Lehrerin war und es aus der Schule gewohnt war, anderen Menschen zu sagen, was sie tun sollten. In der Welt jenseits des Zentrums sind solche Führungsqualitäten super. Aber die Leitung einer Dhamma-Küche steht auf einem vollkommen anderen Blatt Papier. Es geht nicht darum, andere Menschen herumzukommandieren, sondern eher mit sanfter Hand dafür zu sorgen, dass in der Küche alles im Fluss bleibt.

Eines Tages gerieten diese Dame und ein paar Freiwillige aneinander. Wir anderen standen an unseren Arbeitsplätzen und beobachteten das Ganze. (Hier muss ich ein kleines bisschen ausholen. Wenn es in der Küche zu Konflikten kam, wirkte sich das auf die eine oder andere Weise unweigerlich auf das Essen aus. Als ich selbst Kursteilnehmerin war und das Essen verbrannt war oder mit großer Verspätung auf den Tisch kam, dann wussten wir gleich, dass es in der Küche Ärger gegeben hatte. Wenn jedoch das Küchenteam mit der richtigen Einstellung zusammenarbeitete, dann funktionierten das Kochen und die Essensausgabe bezeichnenderweise ganz wunderbar.)

An jenem Tag stürmte die Küchenleiterin frustriert und unter Tränen aus der Küche, um mit einem der verantwortlichen Meditationslehrer darüber zu sprechen, dass die Arbeitsabläufe in der Küche nicht richtig funktionierten. Die Frau, deren Aufgabe es war, die Teilnehmerinnen durch die Meditation zu leiten, war eine wunderbar weise und anmutige Frau, die passenderweise Grace hieß.

Auf die Tränen und Beschwerden der Küchenleiterin erwiderte sie lediglich, dass wir alle hier auf Erden sind, um zu lernen, uns von unseren Egos zu lösen; am besten solle die Küchenleiterin eine Stunde meditieren und sehen, wie es ihr danach ginge. Tatsächlich kehrte die Leiterin ganz verändert zurück, sie war friedlich und konziliant. Da Mitgefühl im Buddhismus eine Schlüsselrolle spielt, ließen die anderen Küchenhelfer es dabei bewenden und machten mit ihrer Arbeit weiter.

Die Worte, die Grace zu der Leiterin der Küche gesagt hatte, sind mir nie aus dem Kopf gegangen. Immer wenn ich mit einer bestimmten Sache, die mir wichtig war, haderte, habe ich mir in Erinnerung gerufen, dass wir hier sind, um zu lernen, uns von unserem Ego zu lösen. Und sobald ich dieser Entscheidung erlaubt hatte, sich in mir zu entfalten, trat Mitgefühl an die Stelle der negativen Gefühle. In der Tat ist es oft das Ego, das die Menschen davon abhält, zu vergeben oder einen Streit zu begraben – dadurch stecken sie in ihrer eigenen Dickköpfigkeit oder dem Willen, unbedingt Recht zu behalten, fest.

Ich sage nicht, dass Sie sich von anderen schikanieren lassen sollten. Ich bin unbedingt eine Verfechterin von Selbstliebe und Selbstrespekt, und zuweilen ist es absolut notwendig, die Stimme zu erheben. Aber in so vielen Beziehungen geht wegen des Egos kostbare Zeit verloren, weil einer oder auch beide zu verbohrt sind, um die Dinge auf sich beruhen zu lassen und nach vorn zu blicken.

Leider habe ich diese Dickköpfigkeit und Unnachgiebigkeit oft auch bei Sterbenden und ihren Angehörigen erlebt. Einige hatten sogar auf dem Weg ins Grab noch ein paar Rechnungen offen. Andere lebten mit vergleichbarem Starrsinn weiter. (Zum Glück gab es unter den Sterbenden auch einige, die erkannten, wie unnütz es war, nur um des eigenen Egos willen an etwas festzuhalten, und sich vor ihrem Tod mit Menschen, mit denen sie Jahre zuvor gebrochen hatten, versöhnten.)

Wenn wir unser Ego einfach fallen lassen und akzeptieren, dass jeder von uns Fehler macht, so tun wir damit nicht nur der Person, die unseren Unmut erregt hat, etwas Gutes, sondern vor allem uns selbst. Es ist wirklich egal, wer Recht oder Unrecht hatte.

Diese Woche wurden mir einige Lektionen über das Loslassen des Egos zuteil – ganz anderer Art, aber dennoch wichtige. Tatsächlich ist das Loslassen des Egos eine Übung, die mir zurzeit Spaß macht. Denn mir wird klar, worin der wahre Wert liegt: Es geht um die Freiheit, die sich einstellt, wenn wir ohne unser Ego agieren. Und das ist wirklich eine ganz erstaunliche Freiheit.

Es kommt immer mal wieder vor, dass meine Artikel auf Blogs von anderen Leuten erneut gepostet werden. In der Regel erhebt man dagegen keinen Einspruch, wenn die Leute einen fragen, vorausgesetzt sie verlinken zur ursprünglichen Website. Doch zuweilen schlägt dabei jemand über die Stränge. Ein solcher Fall trug sich vor ein paar Jahren zu: Jemand hatte meinen Artikel komplett umgeschrieben, hatte überall seine eigenen Gedanken hinzugefügt und dann das Ganze in die große weite Welt des Internets geschickt – und dabei meinen Namen unter dem Text stehen lassen. Nachdem ich darauf aufmerksam gemacht worden war, kontaktierte ich den Autor mit diplomatischen und versöhnlichen Worten. Er hatte es gut gemeint und war sich in keiner Weise des Ausmaßes seines Plagiats bewusst gewesen. Er stellte die Dinge also so gut es ging richtig, indem er meinen ursprünglichen Text nochmals an die gleichen Leute verschickte.

Dann wieder kommt es vor, dass jemand einen meiner Artikel postet – zwar unverändert, aber mit seinem eigenen Namen darunter. In dieser Woche ist das gleich mehrfach passiert, es scheint eben eine dieser Wochen für derlei Dinge zu sein. Aus allen Ecken der Welt trafen E-Mails ein, die mich über dieses Unrecht informierten. Einige E-Mails kamen von Menschen, die ich gar nicht kenne, die aber treue Anhänger meiner Texte sind. Auch Freunde riefen mich an, um mir mitzuteilen, dass sie weitergeleitete E-Mails erhalten hatten, in denen sie meine Artikel erkannt hatten, unter denen jedoch ein anderer Name stand. Und einige E-Mails kamen von Menschen, die auf meinem Verteiler stehen, wofür ich sehr dankbar bin.

In unserer modernen Welt ist es schlichtweg nicht in Ordnung, meine Artikel zu posten und sie als die eigenen auszugeben. Das ist ganz klar ein Plagiat und kann juristisch verfolgt werden. Auf seelischer Ebene hingegen kann ich in der Regel meinen Frieden damit schließen, indem ich mich von meinem Ego löse und mir bewusst mache, dass Menschen immer noch davon inspiriert werden. Die Worte stammen vielleicht von mir und gründen in meinen eigenen Erfahrungen, aber in spiritueller Hinsicht kommen sie letzten Endes aus einer viel umfassenderen Quelle.

Wenn ich es schaffe, loszulassen und mir das in Erinnerung zu rufen, fällt es mir leichter zu akzeptieren, dass meine Worte immer noch das tun, was sie tun sollen. Bloß mein Name erhält eben nicht die entsprechende Anerkennung. Aber das Leben schenkt mir fortwährend Anerkennung durch andere gute Dinge. Und jene Menschen, die meine Arbeit plagiieren, haben ihre eigenen Lektionen zu lernen. Das Leben wird sich auch um sie kümmern, indem es sie jene Lektionen erfahren lässt, deretwegen sie hier sind, ob die nun erfreulich sind oder nicht. Letzten Endes möchte ich jedoch lieber glauben, dass die meisten Menschen die Artikel aus der richtigen Einstellung heraus weiterposten.

Im Idealfall wird die Anerkennung langfristig wieder auf mich zurückfallen. Schließlich bin ich eine Künstlerin, die ihren Lebensunterhalt verdienen muss und die – aufgrund der vielen Jahre, die ich in meine Arbeit investiert habe – ein

Recht darauf hat. Doch oft kommen die Dinge auf vollkommen unerwartete Weise zu uns. Und je mehr ich loslasse und eben darauf vertraue, je mehr ich mich von meinem Ego löse und in rechtlicher Hinsicht eine Grenze ziehe, ohne dabei meinen inneren Frieden zu opfern, desto besser geht es mir.

Jeden Tag bietet uns das Leben vielfältige Gelegenheiten, uns im Loslassen des Egos zu üben. Wie viel von dem, was wir tun, ist vom Ego oder Stolz motiviert! Dabei winkt so viel Freiheit, wenn wir jene Dinge fallen lassen und einen Schritt zurücktreten, um das große Ganze zu betrachten. Es ist egal, wenn andere Menschen es gar nicht bemerken, dass Sie weise handeln, indem Sie bewusst einen Schritt zurücktreten. Das ist eine Freiheit, mit der Sie sich selbst beschenken können.

Je öfter wir das üben, desto leichter fällt es uns. Und ganz ehrlich, sich vom eigenen Ego zu lösen zählt zu den größten Freiheiten, die ich kenne.

Es gibt viele Geschenke, die wir uns selbst machen können. Diese Entscheidung jedoch wird uns langfristig auf *allen* Ebenen beschenken.

Und wir alle verdienen es doch, uns eine solche Freiheit zu schenken – oder etwa nicht?

13   Ruhen – handeln

Auf einem Kühlschrankmagneten habe ich irgendwo einmal einen Spruch gelesen, der anscheinend einem spanischen Sprichwort entstammt und in etwa lautete: »Wie schön ist es, nichts zu tun, und sich danach auszuruhen.« Ist das nicht genial?

Manchmal strengen wir uns im Leben tatsächlich zu sehr an. Dann kostet es uns möglicherweise viel Kraft loszulassen, nachzugeben und der Kreativität des Universums zu erlauben, dass sie sich entfaltet.

Eine klare Ausrichtung und Aktivität sind auf jeden Fall notwendig, wenn Sie bewusst ein Leben gestalten möchten, das Sie mit Befriedigung erfüllt. Sie sollten sich fragen, was Sie wollen, und dann auf dieses Ziel hinarbeiten, nicht aber kontrollieren, wie alles zu Ihnen kommen wird. Wenn Sie zu sehr aufs Kontrollieren fixiert sind, dann halten Sie das Gute, das zu Ihnen will, von sich fern.

Es wird in Ihrem Leben vermutlich eine Zeit geben, in der Sie vielleicht abwarten und die Dinge geschehen lassen müssen, eine Zeit, in der Sie etwas tun müssen, das nach nichts aussieht, aber in Wahrheit doch etwas ist. Der Akt des Loslassens und Präsentbleibens, das Vertrauen darauf, dass die

Dinge schon am rechten Platz sind und sich in ihrer eigenen Zeit entfalten werden, erfordert Mut; aber es lohnt sich.

Unterdessen ist es ebenso wichtig, dass man sich selbst Spaß und Freude zugesteht. Denken Sie an ein Kind und an das Vertrauen, mit dem Kinder jedem neuen Tag begegnen; daran, dass Kinder in jedem Moment voll da sind und es zulassen, dass Gutes zu ihnen strömt. Das war auch Ihre ganz natürliche Seinsweise, lange bevor der Geist und das Ego imaginäre Ängste entwickelten und sich Ihnen in den Weg stellten.

Zu Zeiten, in denen Sie loslassen und einen neuen Vertrauensvorschuss leisten müssen, Zeiten, in denen Sie darauf warten, dass die Dinge ins Lot kommen, ist es am wichtigsten, dafür zu sorgen, dass es Ihnen gut geht. Das ist natürlich leichter gesagt als getan. Aber so schaffen Sie sich den Raum, empfangen zu können, und das Gute kann Einlass finden.

Wenn Sie traurig oder eingeschüchtert sind, voller Panik oder innerlich vor Angst ganz verknotet sind, dann erzeugen Sie eine Energie, die mit der Angst in Verbindung steht und diese nur noch verstärkt.

Doch wenn Sie loslassen und etwas Kreatives machen oder sich einfach etwas ausruhen, dann geben Sie Ihrer Seele Nahrung und öffnen sich für all das Gute, das bereitliegt und darauf wartet, zu Ihnen zu strömen.

Genießen Sie das Geschenk eines solchen Momentes, seien Sie kreativ, haben Sie Spaß. Versuchen Sie zu malen, zu kochen, zu plastizieren, zu schreiben, zu musizieren – tun Sie irgendetwas. Es muss kein Kunstwerk werden, das an den Wänden einer Galerie oder eines Fünfsternerestaurants bestehen könnte. Es geht nur darum, dass Sie etwas tun, das Ihnen Freude bereitet. Vielleicht wollen Sie einfach nur auf dem Sofa liegen und in den Tag hineinträumen, ohne ein schlechtes Gewissen zu haben, ohne zu denken, dass Sie eigentlich etwas anderes tun sollten.

Wie ein großer Baum wachsen auch Sie in Schüben. Es wird Zeiten geben, in denen Sie sehr schnell wachsen. Dann folgen Zeiten der Ruhe, bevor eine neue Welle des Wachstums einsetzt. Niemandem ist damit gedient – und am wenigsten Ihnen selbst –, wenn Sie mit einem Affenzahn durch das Leben hetzen und immer das Gefühl haben, dass Sie Ihre Zeit verschwenden, wenn Sie einmal nichts tun. In Wahrheit verschwenden Sie Ihre Zeit, wenn Sie zu viel tun.

Handeln Sie, wenn es Zeit ist zu handeln. Ruhen Sie sich aus, wenn es Zeit ist zu ruhen. Mit Balance und Heiterkeit erreicht man so viel mehr.

Loszulassen erfordert Mut. Zudem müssen Sie sich fest vornehmen, dass Sie sich Zeit zum Spielen oder fürs Nichtstun zugestehen, ohne sich dabei schuldig zu fühlen. Schuldgefühle sind Gift und bringen niemandem etwas.

Setzen Sie sich doch einmal an einen Bach und lassen Sie Ihre Füße ins Wasser baumeln. Vielleicht malen Sie dabei mit Kreide oder modellieren etwas aus Ton. Oder Sie genießen es einfach, nichts zu tun. Und anschließend ruhen Sie sich natürlich aus!

Nichts zu tun ist niemals wirklich Nichtstun.

Nichts zu tun bedeutet, etwas zu tun, und zwar etwas, das sowohl für Ihr Wohlbefinden als auch für Ihren weiteren Weg sehr wichtig ist. Es erlaubt dem Guten, frei zu fließen. Es gibt Ihnen Energie und sorgt wieder für etwas mehr Ausgeglichenheit in Ihrem Leben. Los. Machen Sie sich selbst dieses Geschenk.

Zuweilen nichts zu tun bedeutet zuweilen, alles zu tun.

14 Glaube

Nahezu alle Blätter sind von den Bäumen gefallen, und es herrscht schon regelmäßig Frost. Zwischendurch schenkt uns die Sonne immer mal wieder einen perfekten Tag, und wir machen uns auf den Weg zu einem der vielen nahegelegenen Parks. Dann laufen wir durch die Herbstblätter, sind einfach glücklich darüber, dass wir leben, und schauen anderen zu, die es ebenso machen.

Als ich neulich im Park saß, beobachtete ich, wie ein älterer Mann in der Nähe eine Straße überquerte. Zwar brachte er dadurch den Verkehr zum Stehen, doch zögerte er keine Sekunde, als er sich auf die Straße wagte. Er ging einfach weiter, und die Autofahrer hielten an, um ihn hinüberzulassen. Der Verkehr war nicht gerade gering, dennoch schritt er auf die Fahrbahn ohne den geringsten Zweifel, dass die Leute für ihn anhalten würden.

Zugegeben, dieser Mann kommt aus einer Zeit, als die Menschen noch etwas einfacher lebten und höflicher waren. Vielleicht überquerte er die Straße immer noch auf die gleiche Weise wie als junger Mann, als er einfach losmarschieren konnte, weil er ja wusste, dass die Autofahrer schon Rücksicht nehmen würden.

Wie auch immer, der Vorfall veranlasste mich, über die Macht des Vertrauens nachzudenken. Dieser ältere Herr schien gar keine Angst gehabt zu haben, obwohl die Straße so befahren war. Er wusste, dass er sie überqueren musste, also machte er den ersten Schritt, dann den nächsten, dann noch einen und so weiter. Mit Zuversicht und Vertrauen steuerte er sein Ziel an, er ging los, und es hat geklappt.

Kinder sind genauso. Sie vertrauen darauf, dass sie das bekommen, was sie brauchen. Bei fast allem, was sie tun, handeln sie mutig, ohne sich ihres Muts bewusst zu sein, oder vielmehr ihres Mangels an dem, was man »Angst« nennt. Wenn sie liebende Eltern oder Betreuer haben, die über sie wachen, sind sie zu Recht so mutig. Es gibt nichts, worüber sie sich Sorgen machen müssten.

Da wir alle zu Beginn unseres Lebens mutige Kinder sind – wann und wo machen wir als Erwachsene etwas falsch? Wenn es uns gelingen würde, stets so zuversichtlich zu sein wie der kleine Mensch in uns, dann würden wir permanent darauf vertrauen, dass das Leben schon für uns sorgt. Und das würde es auch.

Stattdessen entwickeln wir Ängste auf der Basis von Vorstellungen, die andere Menschen vom Leben haben, und als wichtigste Lehre wird uns vermittelt, dass das alles nicht so einfach ist. Dieses Denken setzt sich fest, und Ihr Leben beginnt sich entsprechend zu verändern, sich anzupassen. Sie sagen sich, dass Sie dies oder jenes nicht tun können, und im Handumdrehen ist der unbeschwerte Fluss beinahe vollkommen dahin. Nun regieren neue Glaubenssätze, die Ihnen sagen, dass das Leben nun einmal schwer *ist* und dass Vertrauen allein nicht ausreicht, um durchzukommen.

Doch Vertrauen reicht aus. Oder sagen wir, Vertrauen plus Handeln. Zusammengenommen haben beide wirklich die Fähigkeit, jeden Tag Wunder zu vollbringen, wobei ein

Wunder heute etwas ist, das man nicht im Einzelnen planen kann, das jedoch durch einige überraschende Elemente begünstigt wird.

Glaube und Vertrauen müssen sich nicht auf einen Gott beziehen oder Dhamma oder das Universum oder wie auch immer man den Großen Geist nennen will, der in uns lebt – ob Sie nun daran glauben oder nicht. Das spielt keine Rolle. Vielleicht glauben Sie einfach an sich selbst oder an das Leben oder an eine Vision, die so stark ist, dass Ihr Vertrauen sie zu Ihnen bringt.

Ich selbst habe im Laufe meines Lebens mehrfach Dinge erlebt, deren Entwicklung und Ausgang dermaßen weit entfernt von jeglicher Erklärung oder jeder nur denkbaren Planung lagen, dass allein mein Glaube sie angezogen haben kann. In all den Jahren habe ich mich so oft darauf verlassen, einfach zu vertrauen, und obwohl es nicht immer leicht war, hat diese unerschütterliche Beharrlichkeit mich *nie* enttäuscht.

Die eigentliche Herausforderung liegt also darin, an seinem Glauben festzuhalten. Wir Menschen können nicht jeden Tag stark sein, und das ist ein Teil der Prüfung. Starksein und Nachgeben wechseln einander ab wie Ebbe und Flut. An starken Tagen beflügelt Sie Ihr Glaube mit dem festen Wissen in Ihrem Herzen, dass alles gut wird. Über das Wie und Wann müssen Sie erst gar nicht nachdenken. Wenn Sie wirklich glauben, dann *wissen* Sie einfach, dass alles irgendwie zum Besten geschehen wird.

An Tagen, an denen der Glaube ins Wanken gerät, stützen Sie sich auf die Hoffnung und lassen Sie sich so gut es geht von ihr tragen. Doch was ist mit jenen Tagen, an denen auch die Hoffnung sich in Luft aufgelöst hat? In solchen Zeiten geben Sie einfach nach. Lassen Sie los. Lassen Sie den Dingen ihren Lauf. Das muss keine Katastrophe sein. Nehmen

Sie Ihre Menschlichkeit an. Lieben Sie auch diese Seite an sich, denn der Glaube tief in Ihnen wird langsam aber sicher zurückkehren; auch diese Zeiten werden vergehen. Sie werden neue Kraft schöpfen. Es ist der Glaube, der das bewerkstelligt. Wenn wir uns erst einmal mit ihm verbunden haben, ist er ein treuer Gefährte.

Zu glauben ist eine Begabung; es ist eine Eigenschaft, mit der Sie geboren wurden. Auch wenn sie sich rar macht, so geht diese Eigenschaft unterwegs nicht verloren, sondern lässt sich wiederfinden, wenn man nach ihr sucht. Es ist eine Fähigkeit, die sich wieder erlernen lässt, und das geschieht am besten Schritt für Schritt. Loten Sie langsam Ihren Glauben aus, erweitern Sie vorsichtig Ihre Zuversicht und Ihr Vertrauen, dann werden Sie allmählich wieder mutiger. Erlauben Sie sich, bei jedem Schritt mehr Freude zu empfinden und zu spüren, wie Ihre innere Kraft zunimmt.

Durch Glauben und Vertrauen eröffnen sich so viele Möglichkeiten. Das logische Denken wird ruhiggestellt, jenes Denken, das unablässig nach Antworten sucht, die nicht immer gefunden werden müssen.

Glaube bewirkt tatsächlich Wunder. Möglicherweise entwickeln sich die Dinge nicht so, wie Sie es erwartet hatten, sondern es kommt am Ende noch besser.

Die eigentliche Arbeit findet im Innern statt. Ihre Aufgabe ist es, tapfer zu sein und von sich aus an einen inneren Punkt der Bereitschaft zu gelangen; dann gehen Sie einfach auf dem Weg. Machen Sie es wie der alte Mann an der befahrenen Straße: Setzen Sie einen Fuß vor den anderen, Schritt für Schritt, und lassen Sie Ihr Ziel nie aus den Augen.

Vertrauen Sie darauf, dass sich jeder Schritt findet und dass alles gut geht. Das ist Glaube.

15 Zäune

Schneewolken ziehen am Himmel vorüber. Bald werden sie ihre Fracht über den Bergen und Tälern am Horizont entladen. Hin und wieder bricht die Sonne durch und schenkt mir ein wenig freundliche Wärme inmitten des kalten Winterwindes.

Als ich zurück zum Dorf laufe, sehe ich, wie ein paar Männer einen neuen Zaun errichten. Er ist aus grünem Metall. Ich komme auch an Lattenzäunen vorbei, an Drahtzäunen, Holzzäunen, Steinmauern sowie Hecken, die zur Abgrenzung gepflanzt wurden. Die Menschen in diesem Dorf, so wie in den meisten Gegenden der entwickelten Welt, mögen ihre Zäune. Diese Zäune sagen: »Das ist mein Grundstück. Es gehört mir.« Sie können auch bedeuten: »Gehen Sie ohne meine Erlaubnis keinen Schritt weiter.«

Zugleich schaffen Zäune den Menschen ein definiertes Terrain, in dem sie sich frei ausleben können, denn mit dem Grundstück und dem Garten innerhalb dieses umgrenzten Gebiets können sie tun und lassen, was immer sie wollen. Was für unterschiedliche Dinge die Vögel wohl zu sehen bekommen, wenn sie über einen Zaun hinwegfliegen, und dann über noch einen und noch einen!

Allerdings kann ein Zaun auch Freundlichkeit und gute Absichten außen vor halten. Viele Menschen haben heutzutage so hohe Zäune um ihr Haus errichtet, dass Letzteres vollkommen versteckt ist und man nur hineingelangt, indem man einen Türsummer drückt und auf Einlass hofft. Ich kann gut verstehen, dass man ungestört sein will und sein Leben führen, ohne dass sich jemand einmischt. Doch derartige Zurückgezogenheit blendet auch die Wärme aus, die andere Menschen einem möglicherweise bringen.

Wir müssen einander ja nicht gleich auf dem Schoß sitzen, aber ist es nicht traurig, dass die Menschen heute oft nicht einmal mehr wissen, wer neben ihnen wohnt? Ein Zaun, der letztendlich nicht mehr als ein bisschen Metall, Holz, Ziegelstein oder Draht ist, ist alles, was zwischen nachbarschaftlichem Wohlwollen oder der Basis für ein gemeinschaftliches Miteinander steht. Und doch haben so viele Menschen Angst davor, ihre Nachbarn kennenzulernen, denn – Gott behüte – am Ende kommt man miteinander noch ganz gut aus, und dann müssen Sie sich beim nächsten Mal grüßen!

Vor einigen Jahren bin ich sechs Tage lang über die Felder und Äcker im Westen Victorias gewandert. Die Farmer erlaubten uns, ihr Land zu durchqueren, wie wir wollten. Wir genossen es, uns wie in vergangenen Zeiten zu fühlen, als man sich in der Regel noch zu Fuß fortbewegte und noch nicht durch Besitzverhältnisse oder irgendwelche Abgrenzungen eingeschränkt wurde. Auf vielfache Weise wirken diese sechs Tage nach Jahren noch positiv in mir nach.

Ein ehemaliger australischer Politiker, der in Tasmanien lebt, hat auf seinem Landbesitz ein Schild aufgestellt, auf dem zu lesen ist: »Unbefugte willkommen.« Seine fabelhafte Einstellung erlaubt es anderen Menschen, das Land, um das er sich kümmert, achtsam zu betreten; auf diese Weise lässt er andere an der Freude teilhaben, durch eine so schöne Gegend zu wandern.

Zäune sperren mitunter das Gute aus. Aber man kann sie auch ignorieren oder dadurch überwinden, dass man ein Stück Schokolade oder selbst gezogenes Gemüse auf die andere Seite reicht oder hin und wieder einfach nur ein freundliches Wort hinüberschickt.

In der betriebsamen Welt, die wir erschaffen haben, ist Gemeinschaft ein wenig unter die Räder gekommen. Doch allmählich, auf subtile Weise, gelingt es wieder, ihre Notwendigkeit und Bedeutung zu unterstreichen. Eine der einfachsten Methoden, um den Sinn für Gemeinschaft wiederzubeleben, besteht darin, die eigenen Nachbarn kennenzulernen.

Zäune werden vermutlich immer hochgezogen werden aufgrund dieses ganzen Grundbesitzkrams, auf den wir in der entwickelten Welt anscheinend nicht verzichten können. Aber Zäune lassen sich durch einen schlichten Gruß überwinden.

Auch ein Lächeln oder Winken kann weite Strecken überwinden.

16 Vorwärtsfließen

Wieder einmal tritt der Bach über die Ufer, nach zwei Tagen starken Regens fließt das überschüssige Wasser in das Reservoir. Auch die Brücke steht nahezu ganz unter Wasser, so dass mir nichts anderes übrig bleibt, als zuhause zu bleiben. (Ich liebe das.)

An einer Stelle des Bachs gabelt sich das Wasser in zwei kleinere Strömungen und fließt dann wieder zusammen. Das lässt mich an das Leben denken und an Entscheidungen, die wir fällen müssen. Der Fluss sagt mir durch seinen Lauf, dass man sich für unterschiedliche Wege entscheiden kann. Und natürlich wird die Reise eine andere sein, je nachdem, welchen Weg man wählt. Doch letzten Endes führt alles wieder ungefähr in die gleiche Richtung, zumindest so lange, bis die nächste Entscheidung ansteht.

Egal, ob weitreichende oder lediglich kleine Dinge zu entscheiden sind, wir haben immer einen freien Willen. Die Entscheidung dreht sich darum, auf welchem Weg Sie an Ihr Ziel gelangen. Wählen Sie den Weg, der am schnellsten und unkompliziertesten zu sein scheint? Nehmen Sie die malerische Route, auf der es länger dauert? Oder gehen Sie die Herausforderung direkt an, indem Sie sich auf die holprige

Straße begeben und auf der anderen Seite gestärkt und mit neuen Selbsterkenntnissen anlangen, wodurch die weiterführende Reise viel interessanter und lohnender wird?

Das Wasser fließt weiter und kommt wieder zusammen. Flussabwärts teilt es sich abermals und verzweigt sich gleich in mehrere Richtungen. Eine Abzweigung fließt anderen Flüssen zu, um zu einem gewaltigen Strom zu werden, der irgendwann reißend in einen Ozean mündet. Ein anderer Wasserlauf verbindet sich mit anderen kleinen Bächen. Wieder ein anderer dümpelt vor sich hin und gelangt an eine Stelle, an der der Strom ganz versiegt, zumindest bis zum nächsten großen Regen; dann beginnt auch er wieder zu fließen. Letzten Endes landet er an genau dem Punkt, der für ihn bestimmt ist – genau wie Sie.

Durch Ihre Entscheidungen gestalten Sie Ihr Leben. So wie der Bach sich entscheidet, in die eine oder andere Richtung zu fließen, so haben auch Sie einen freien Willen und können entscheiden, welchen Weg Sie auf Ihrer persönlichen Reise einschlagen. Doch unabhängig von der Wahl, die Sie treffen, bewegen Sie sich weiterhin in die richtige Richtung, in der Ihre Seele dazulernen und sich weiterentwickeln kann. Was auch immer Sie tun, Sie werden immer etwas über sich selbst lernen.

Manchmal – Sie kennen das sicher auch – fällt es mir ganz leicht, schnell und sicher zu entscheiden. Dann wieder gibt es Zeiten, in denen ich mir einige Dinge sehr gründlich überlegen muss. Es gibt eben Zeiten, in denen die Antwort nicht offen zutage liegt, und am besten ist es dann, einfach nur zu *sein*. Wenn wir nicht versuchen, eine Antwort zu erzwingen, kann sie sich zur richtigen Zeit von selbst zeigen. Und das geschieht mit Sicherheit.

Dann wieder gibt es Phasen, in denen es darum geht, überhaupt eine Entscheidung zu treffen. Das ist die eigentliche Antwort; dass man die Dinge nicht aufschieben kann und den Kopf in den Sand stecken, um alles um sich herum auszublenden. Jeder Mensch erlebt in seinem Leben Zeiten, in denen absolut klare Entscheidungen zu fällen sind. Manchmal zählen die Entscheidungen, die bei Ihnen im Vordergrund stehen und auf Ihre Reaktion warten, zu den ganz großen Entscheidungen des Lebens und verlangen Ihnen daher sehr viel ab. Aber genauso wie es wehtun kann, schwerwiegende Entscheidungen zu treffen, so gilt das Gleiche für ein Leben, bei dem man sich selbst nicht treu ist.

Wenn bedeutende Entscheidungen anstehen, verspüren Sie in einigen Momenten vielleicht den Impuls, sie einfach zu ignorieren in der Hoffnung, dass sie von allein wieder verschwinden. Aber natürlich gehen sie nirgendwohin. Warten Sie also ab, bis sich Ihr Geist ein wenig beruhigt hat und sich die Lösung von allein zeigt. Dann können Sie fortfahren im Vertrauen darauf, dass Sie für den Werdegang Ihrer Seele die bestmögliche Entscheidung getroffen haben.

Der Bach plätschert über Steine und Schilf hinweg, verzweigt sich in neue Richtungen und endet stets dort, wo er enden soll, genau wie für Ihre eigene Entwicklung das Leben in die richtige Richtung fließt. Und auch wenn Sie unterwegs ein paar Haken geschlagen und ein paar Schlenker gemacht haben, so fließen Sie nach wie vor vorwärts. Vertrauen Sie darauf, dass sich langfristig alles zu Ihrem Besten entwickelt.

Jeder von uns muss hin und wieder Entscheidungen fällen. Letztendlich müssen Sie einfach den Wahlmöglichkeiten ins Auge blicken und Vertrauen in den Weg haben, auf den diese Sie schicken. Alles wächst. Alles entwickelt sich. Im Endeffekt ist also alles gut. Wirklich.

17 Freiheit

Elenas Mutter zu sein bereitet mir viel Freude, wenn ich den Klang ihrer Kinderstimme höre oder wenn sie kichert; ihr großes Staunen über alles und jeden; ihr durcheinandergewirbelter Wortschatz, der kein Ende zu kennen scheint; wenn sie meine Bluse anhebt und mir Himbeeren auf den Bauch pustet oder wenn sie auf mich draufkrabbelt, um abends einzuschlafen. Doch mit am schönsten ist es zu beobachten, mit welch absoluter Sicherheit Elena sie selbst ist. Sie ist frei.

Am Anfang unseres Lebens sind wir alle so, und wer sich bewusst für ein Leben entscheidet, bei dem man sich selbst treu bleibt, verbringt einen Großteil seiner Erwachsenenzeit damit, wieder einen ähnlichen Zustand zu erreichen. Wie groß diese Aufgabe ist, bemisst sich daran, wie schwer die Konditionierungen wiegen, denen man in den Jahren dazwischen ausgesetzt war; an den Schmerzen, die mit dem Versuch einhergehen, sich von Gewohnheiten und Überzeugungen zu befreien, die einem nicht mehr guttun (falls sie das denn je taten); an dem Mut (oder dem Mangel daran), den man in der Zwischenzeit aufbringen kann; und daran, ob man genug Selbstwertgefühl gebildet hat,

das man braucht, um sich seinen Weg durch die heftigsten Wogen zu bahnen.

Freiheit tritt in vielfacher Gestalt auf, physisch und emotional. Möglicherweise sind Sie in physischer Hinsicht frei und dennoch emotional gebunden. Solange Sie nicht auch gefühlsmäßig frei sind, werden Sie keine echte Freiheit empfinden. Selbstliebe, mit all ihren Schichten, Blickwinkeln, Ecken und Kanten, Lektionen, Einsichten und schönen Seiten, ist der Weg zu einer solchen wahren Freiheit.

Wenn Sie sich selbst mit Herzlichkeit begegnen, werden Sie auch anderen gegenüber herzlich sein. Wenn Sie anderen Menschen mit Herzlichkeit begegnen, mit sich selbst jedoch noch nicht herzlich umgehen, dann wartet der Weg der Selbstliebe auf Sie und freut sich auf Ihre Gesellschaft.

Je mehr Sie sich selbst erlauben, das zu tun, wonach Ihr Herz sich sehnt, unabhängig von Angst und Sorgen, desto mehr Übung bekommen Sie darin, Ihnen selbst Ihre Liebe zu schenken und sie zu empfangen. Und Sie können mir glauben, es ist eine wunderschöne Art der Liebe.

Sie werden unterwegs viele Hürden überwinden müssen, von denen die meisten genau dann auftreten, wenn Sie gerade im Begriff sind, eine weitere Ebene der Selbstliebe zu erobern. In solchen Momenten droht schnell die Gefahr der Selbstsabotage, denn auch wenn es der schmerzhaftere Weg ist, so ist er uns doch immerhin vertraut.

Aber wissen Sie was? Es ist okay, so zu sein, wie Sie sind! Es ist okay, tapfer, wunderbar und *glücklich* zu sein. Es ist okay, ein Leben zu leben, das Ihnen rundum sinnvoll erscheint. Sie dürfen Sie selbst sein.

Was ist falsch daran, jubelnd eine belebte Straße entlangzugehen, weil Sie eben glücklich sind und jubeln können? Nichts!

Was ist falsch daran, sich gegen eine Vierzig- bis Sechzig-

Stunden-Woche zu entscheiden und stattdessen dem Ruf Ihres Herzens zu folgen, auch wenn Sie noch nicht genau wissen, wohin die Reise am Ende geht? Nichts!

Was ist falsch daran, darauf zu verzichten, sich gegenüber Menschen zu rechtfertigen, die bereits ihr Urteil über Sie gefällt haben, ohne Sie und Ihre ganze Geschichte wirklich zu kennen? Nichts!

Was ist falsch daran, so lange Trampolin zu springen, bis Sie erschöpft sind, und zu lachen und sich so albern zu benehmen, wie Sie gerade wollen, obwohl Sie fünfzig sind? Nichts!

Was ist falsch daran, zu dem Menschen zu werden, der Sie immer sein wollten? Nichts!

Was ist falsch daran, Sie zu sein? Nichts! Absolut gar nichts!

Wenn Sie davon träumen, sich innerlich zu verändern, ist es nun an der Zeit, dass Sie sich das zugestehen. Selbst wenn Sie gegenüber Ihrer Familie Verpflichtungen haben, können Sie Entscheidungen treffen, die Ihnen guttun und von Ihrer Selbstliebe getragen sind. Jeder in einer Familie profitiert vom Glück des anderen, denn die geteilte Freude ist noch größer. Authentische Beziehungen wissen das und unterstützen es entsprechend.

Sie sind frei, eine Entscheidung zu treffen. Sie sind frei, auf Ihr eigenes Herz zu hören. Üben Sie dieses Recht möglichst oft aus. Es ist Ihr Leben. Sie sind frei, Sie selbst zu sein.

18   Dankbarkeit

In den Jahren, als ich Singer-Songwriterin werden wollte, hatte ich das Glück, Menschen zu treffen, die einfach fantastisch waren und von denen einige in der Australischen Musikszene sogar ziemlich bekannt waren. In Anbetracht der Tatsache, dass ich mich auf der Bühne immer ein wenig schwertat – es sei denn, ich trat in Folk Clubs auf, in denen ich förmlich aufblühte –, bot mir der Umgang mit diesen Top-Interpreten großartige Gelegenheiten, etwas zu lernen.

Einmal unterhielt ich mich mit einem Mann namens Todd, der mit seinem Bruder eine Band hatte, die in den 1980ern international extrem erfolgreich gewesen war. Ich erzählte ihm, dass ich kürzlich eins meiner Konzerte vermasselt hatte, weil ich mich in einem bestimmten Song verspielt hatte. Todd zuckte bloß mit den Schultern, lächelte und sagte: »Es gibt immer einen nächsten Song.«

Er hatte Recht. Warum sollte ich einen gesamten Auftritt verhunzen, nur weil ich die ganze Zeit an das denken musste, was bei dem einen Lied schiefgelaufen war? Es war ein so einfacher Satz, und dennoch veränderte er meine Haltung gegenüber Bühnenauftritten grundlegend. Von da an gelang es mir nicht nur, einem Fehler keine weitere Beachtung zu schenken und mit dem nächsten Song wieder frisch anzufangen, sondern ich schaffte es sogar, mit dem Publikum mitzulachen, wenn ich mich verspielt hatte. Schließlich war das nicht das Ende der Welt, und wir sind alle nur Menschen.

Dieser kleine Schnipsel an gutem Rat, der mir in den richtigen Worten zum absolut richtigen Zeitpunkt zuteilwurde, erfüllte mich mit Dankbarkeit. Er löste genau jene Veränderung aus, die ich brauchte. Aber ich war nicht nur für den Ratschlag dankbar, sondern auch in vielerlei anderer Hinsicht entwickelte ich eine tiefergehende Dankbarkeit in mir. Ich fing an, mich für jeden Song, der gut gelaufen war, zu bedanken, bevor ich zum nächsten überging. In allen künftigen Konzerten formulierte ich von da an in Gedanken häufig ein Danke – danke, dass der Song so gut geklappt hat, danke für den Draht zum Publikum, danke dafür, dass ich erleben darf, wie die Musik mich durchströmt, danke für den kreativen Selbstausdruck beim Songwriting und so weiter und so fort.

Die Folge davon war, dass mir das Auftreten immer mehr Spaß machte, was wiederum meinen Zuhörern zugutekam, denn auch sie konnten die Songs nun viel mehr genießen. Ich verzichtete weitgehend auf Vergleiche, und es lief wesentlich besser. Wenn ich einen Fehler machte, was längst nicht mehr so oft geschah, dann schaffte ich es sogar, auch dafür in irgendeiner Form dankbar zu sein, weil es mir wieder die Chance bot, etwas zu lernen.

Jeden Tag bietet uns das Leben Gelegenheiten und Geschenke, die es wert sind, uns für sie zu bedanken, auch solche, bei denen wir uns zunächst ein wenig unwohl fühlen. Das Unbehagen, das ich früher auf der Bühne verspürte, hat mir unglaublich viel über mich und das Leben aufgezeigt; es war also immer etwas Positives, auch wenn das nicht immer offensichtlich war. Wenn ich nun auf der Bühne etwas erzähle oder singe, kann ich das genießen, weil ich inzwischen ganz anders bin als die Person von damals. Ich hätte jedoch nicht so werden können, wenn ich nicht erst jene Schritte als Anfängerin getan hätte.

Dem Leben gelingt es meisterlich, Sie so weit an Ihre Grenze zu bringen, wie es Ihnen gerade noch möglich ist – und dann zerrt es noch ein kleines bisschen weiter an Ihnen. Das mag mitunter schmerzhaft sein, aber in *jedem* Lernprozess steckt ein Geschenk, etwas, das eine weitere Schicht Ihres Selbst enthüllt. Und da sich der Weg des Menschen im Großen und Ganzen ums Lernen und Lieben dreht, können Sie gar nicht anders, als durch ein solches Zerren oder Dehnen zu wachsen und auf irgendeiner Ebene von ihnen zu profitieren.

Natürlich gibt es offensichtlichere Dinge, für die wir dankbar sein können, Dinge, die wir im Alltag oft für selbstverständlich halten. Wenn Sie es sich zur Gewohnheit machen, Dankbarkeit zu empfinden, dann öffnen Sie damit nicht nur dem Fluss weiterer guter Dinge Tür und Tor, sondern es macht auch glücklich. Ein dankbarer Mensch ist ein glücklicher Mensch. Gewöhnen Sie sich an, für das, was Sie jetzt haben, *Danke* zu sagen – das ist der Weg zu echter Fülle. *Jeder* hat etwas, wofür er oder sie dankbar sein kann.

Atmen Sie? Dann seien Sie dankbar für Ihre Lunge und die Luft, die Ihren Körper erhält.

Hat Sie in letzter Zeit jemand angelächelt? Dann seien Sie dankbar, dass dieser Mensch Ihnen über den Weg gelaufen ist.

Sind Sie so gesund, dass Sie allein leben können, selbst wenn Sie das nicht unbedingt wollen? Dann seien Sie für diese Freiheit dankbar.

Haben Sie Zugriff auf frisches Obst? Dann seien Sie dankbar dafür, dass uns die Erde auf so großzügige Weise damit versorgt.

Gibt es Dinge, die Sie frei entscheiden können? Dann seien Sie dankbar, dass Sie einen freien Geist haben und einen Verstand, um ihn zu nutzen.

Würde es jemand bemerken, wenn Sie sterben würden? Dann seien Sie dankbar, dass Sie nicht ganz allein sind.

Haben Sie frisches Trinkwasser? Dann seien Sie dankbar für diese elementare Lebenskraft.

Wissen Sie noch, wann Sie zuletzt gelacht haben? Dann seien Sie dankbar für die Möglichkeit, das zu tun.

Das Leben ist schön. Sie erschaffen sich dieses Leben. Durch Dankbarkeit wird alles leichter. Dankbarkeit lässt Herausforderungen schrumpfen, gibt den Dingen Glanz und lockt weitere positive Menschen und angenehme Situationen an. Dankbarkeit ist der Schlüssel zu jeder verschlossenen Tür.

Ich bin unglaublich dankbar, dass ich auf der Bühne hin und wieder etwas verpatzt habe und dass mich jemand an einfache Dinge erinnert hat. Etwa daran, dass es immer einen nächsten Song gibt und dass es in Ordnung ist, Fehler zu machen und entspannt über die eigene Menschlichkeit zu lachen.

Es gibt immer eine nächste Minute. Nutzen Sie sie gut. Wenn Sie lächeln und jeden Tag zum Leben »Danke« sagen, wird es darauf mit Anerkennung reagieren und Ihnen weitere Wohltaten und Freude bescheren. Bedanken Sie sich. Ihr Leben ist es wirklich wert, gelebt zu werden.

19   Mitgefühl entwickeln

Eine der wichtigsten Lektionen, die mir das Leben je erteilt hat, ist das Mitgefühl. Da diese Erfahrung mittlerweile ein so wichtiger Teil der Person ist, zu der ich geworden bin, sehe ich überall um mich herum Beispiele für Mitgefühl. Das wärmt meine Seele und gibt meinem Herzen Auftrieb. In der von uns geschaffenen, geschäftigen Welt gibt es viel Irrsinn. Gleichzeitig erleben wir, dass Menschen nach wie vor auf mitfühlende Weise füreinander sorgen, das zeigt, dass wir – auch wenn es manchmal anders aussieht – als Spezies im Grunde genommen gut und freundlich sind. Einige Menschen sind lediglich vom Weg abgekommen.

Mitgefühl bedeutet Freundlichkeit, Anteilnahme, Rücksicht und insbesondere Einfühlungsvermögen, also die Fähigkeit, sich so weit wie möglich in einen anderen hineinzuversetzen und dessen Situation aufrichtig nachzuempfinden. Thomas Merton, ein sanfter und weiser Gelehrter des letzten Jahrhunderts, beschrieb Mitgefühl absolut treffend als »das intensive Bewusstsein dessen, dass alles miteinander verknüpft ist«. Es bedeutet zu hoffen, dass andere nicht leiden.

Mitgefühl ist eine menschliche Empfindung, klar. Doch

wendet man es gegenüber anderen an, so ist es zugleich eine enorm wirksame Kraft. Es erzeugt liebevolle Energie, egal, auf wen es sich richtet. Und auch derjenige, der Mitgefühl spendet, spürt Liebe in sich aufsteigen, spürt, wie sein Herz sich öffnet.

Mitgefühl hat die Macht, alles zu verändern. Wenn Sie in der Lage sind, das Leben von der Warte des Mitgefühls aus zu betrachten, befreien Sie sich von Ihrem Ego und seinem fortwährenden Bedürfnis, Recht zu haben, und lassen sich in Ihrem Handeln stattdessen von Ihrem Herzen leiten. Es bedeutet, dass Sie sich dafür entscheiden, emotional reif zu sein; Sie verzichten darauf, alles bewerten zu müssen.

In jedem von uns steckt bereits ein kleines bisschen Mitgefühl. Ihm muss nur zu etwas mehr Ausdruck verholfen werden. Statt an einem Streit festzuhalten, bei dem beide Seiten aus Sturheit, weil sie verletzt sind oder aus Unversöhnlichkeit gegenüber dem anderen kostbare Zeit ihrer Beziehung verschwenden, können Sie sich dafür entscheiden, die Situation von der Warte des Mitgefühls aus zu betrachten. Das bedeutet nicht, dass Sie die Handlungen des anderen gutheißen müssen. Es bedeutet, dass Sie bewusst die Entscheidung treffen, jene Energie nicht länger mit sich herumzutragen.

Wenn Sie beschließen, eine Situation mit Mitgefühl zu betrachten, werden Sie freundlicher auf andere blicken können, deren Schwächen sehen und auch Ihre eigenen Schwächen erkennen. Jeder von uns versucht doch nur, Leid zu vermeiden und glücklich zu sein. Keiner ist dagegen gefeit, etwas hinzuzulernen, Fehler zu machen oder etwas zu tun oder zu sagen, das anderen wehtut. Ob wir uns bewusst dafür entscheiden oder nicht – wir alle entwickeln uns weiter, und zwar ständig.

Wenn es Ihnen gelingt, in einer Situation Ihr Ego zurückzunehmen und von dem Bedürfnis, Recht zu behalten, abzusehen; wenn Sie die Ansichten oder Äußerungen der anderen als einen Ausdruck ihrer Persönlichkeit sehen können, die wiederum die Konsequenz all ihrer bisherigen Erfahrungen sind sowie all dessen, was sie früher einmal waren, dann entspannt sich die Situation ganz automatisch. Sie müssen keineswegs allem zustimmen. Mitgefühl heißt nicht, dass man sich schikanieren lässt oder sich als Märtyrer geriert, um andere zu retten. Es heißt schlicht und einfach anzuerkennen, dass in jedem von uns Gutes steckt und dass wir alle menschlich sein wollen; nur dass sich Letzteres eben zuweilen auf weniger angenehme oder wünschenswerte Weise zeigt.

Wenn jemand etwas Unfreundliches sagt, dann entspricht das nicht seinem wahren Naturell. Wir kommen als liebende Wesen zur Welt, deren Herz weit offen steht. Doch nach Jahren, in denen wir verletzt wurden und zahlreiche Ängste durchgestanden haben, kommt es vor, dass wir ohne Verbindung zu unserer eigentlichen inneren Weisheit handeln. Wir haben dann vergessen, welch liebender Mensch wir in Wirklichkeit sind, beziehungsweise derjenige, der Ihnen gegenüber ausfällig wird, weiß nicht mehr, wer er eigentlich ist. Dann können Sie immer noch frei entscheiden, wie Sie reagieren.

Sie können dem Leid noch mehr Leid hinzufügen, indem Sie andere verletzen, oder Sie können sich dafür entscheiden, von der Warte emotionaler Reife aus zu handeln und die Situation mit Empathie zu betrachten. Das Ego wird sich auf die Hinterbeine stellen und versuchen, sich zu behaupten. Doch da Sie sich nun von Ihrem Herzen und nicht von Ihrem Verstand leiten lassen, büßt das Ego an Macht ein, was ihm überhaupt nicht gefällt. Mit der Zeit werden Sie wachsen und können Ihr Mitgefühl weiter ausbilden, so dass dies ein immer natürlicherer Zustand für Sie wird. Durch Übung wird es leichter.

Ich bin in einem Umfeld aufgewachsen, in dem zu vergeben eine ständige Aufgabe für mich darstellte. Auch wenn ich emotional so sehr verletzt wurde, dass es Jahre dauerte, bis die Wunden geheilt waren, so war Vergebung der einzige Ausweg, die einzige Möglichkeit, mich weiterzuentwickeln. Doch wie sollte das gehen, wo ich doch so anfällig und empfindlich geworden war und große Angst davor hatte, mich jahrein jahraus den immer gleichen Dingen auszusetzen? Erst als es mir gelang, Mitgefühl zu entwickeln, begannen die Dinge sich zu verändern. Und wie sie sich änderten!

Durch Mitgefühl lernen Sie, alles nicht so persönlich zu nehmen. Denn es geht nicht wirklich um Sie. Es ist der Schmerz Ihres Gegenübers, der da auf Ihnen abgeladen wird. Wenn Sie also auf liebevolle Weise Abstand nehmen können und sich klarmachen, dass es – ganz egal, was Ihnen alles vorgeworfen wurde – im Grunde nur ein Ausdruck dessen ist, wie verletzt der andere ist, dann können Sie Mitgefühl mit diesem Menschen entwickeln und die Sache auf sich beruhen lassen. Dadurch wird nicht nur verhindert, dass unangenehme Situationen noch mehr Nahrung erhalten, vielmehr kann nun bei allen Beteiligten ein umfassender Heilungsprozess einsetzen, auch bei Ihnen.

Ob es um den Kassierer im Supermarkt geht oder um eine ungeduldige Autofahrerin, spielt keine Rolle. Jeden Tag haben wir die Gelegenheit, uns weiterzuentwickeln und unser Mitgefühl zu steigern. Es kostet Mühe, das Ego loszulassen und nicht unbedingt das letzte Wort behalten zu müssen oder freundlich gegenüber jemandem zu sein, der Ihre Freundlichkeit vielleicht zurückweist. Machen Sie sich bewusst, dass in einem solchen Fall der andere ein Problem hat, nicht Sie. Dann können Sie ihm innerlich Gutes wünschen und weitergehen, wohl wissend, dass die Macht des Mitgefühls waltet, die weit über unser Verstehen hinausreicht und die nötige Veränderung bewirken wird. Sobald Sie diese liebende Energie kultiviert haben, wird sie jeden Bereich Ihres Lebens durchdringen.

Wie aber fängt man das an, sein Mitgefühl auszubilden? Wie kann man es entwickeln? Mitgefühl muss bei Ihnen anfangen, und zwar Ihnen selbst gegenüber. Das ist der allerschwierigste Teil des Wegs zum Mitgefühl. Er muss bei Ihnen selbst anfangen! Vermutlich kritisieren Sie sich selbst am meisten, aber solange Sie nicht lernen, freundlich und mitfühlend mit sich selbst umzugehen, wird es Ihnen auch nicht gelingen, mehr Mitgefühl für andere aufzubringen. Besonders wir im Westen verfahren zuweilen unglaublich streng mit uns selbst. Doch wir sind alle Kinder Gottes – was auch immer das für Sie heißt –, und wir wurden alle mit dem Wunsch geboren, glücklich zu sein.

Als Erstes müssen Sie sich Dinge, die in der Vergangenheit geschehen sind, verzeihen. Wenn Sie weiterhin Gefühle des Bedauerns oder Schuldgefühle mit sich herumschleppen, hindern Sie sich selbst daran, zu jenem strahlenden Menschen zu werden, der Sie sein können und sein sollen. Natürlich gibt es einige Dinge, die Sie heute anders machen würden, wenn Sie die Gelegenheit dazu hätten, aber Sie sind eben ein Mensch und lernen fortwährend dazu. Also verzeihen Sie sich und machen Sie sich klar, dass Sie damals so gehandelt haben, weil Sie damals eben so waren. Und jetzt sind Sie anders. Haben Sie Mitgefühl mit dem Menschen, der Sie früher waren.

Sie wachsen ununterbrochen, entwickeln sich ständig zu einem besseren Menschen weiter. Seien Sie daher gütig zu sich und denken Sie daran, dass Sie damals versucht haben, es so gut wie möglich zu machen. Empfinden Sie Dankbarkeit für Ihr inneres Wachstum, das Ihnen nun diese Erkenntnis ermöglicht. Sie müssen lernen, sanft mit sich umzugehen.

Das ist die erste Etappe auf dem Weg der Heilung, sowohl für Sie als auch für alle, die mit Ihnen in Berührung kommen.

Anfangs fällt Ihnen das vermutlich nicht leicht. Als ich damit begann, Mitgefühl für mich zu entwickeln, habe ich viel geweint. Doch es geht nicht darum, in Selbstmitleid zu baden. Sondern darum, das Leid in Ihrer Vergangenheit zu identifizieren und anzuerkennen, und als Konsequenz Freundlichkeit gegenüber sich selbst zu kultivieren. Es geht darum, den Menschen zu lieben, der Sie einst waren, ebenso wie den, der Sie jetzt sind. Es geht darum, sich selbst mit Haut und Haar zu lieben.

Die Macht des Mitgefühls ist eine greifbare Kraft, die zu unvorstellbaren Resultaten führt. Es ist die Kraft der Liebe, der Vergebung, der Freundlichkeit und der Heilung. Wir alle leiden. Wir alle sehnen uns danach, glücklich zu sein. Wir alle sind in der Lage, uns zu heilen. Unterschätzen Sie niemals die Macht des Mitgefühls. Ich habe seine heilende Wirkung auf allen Ebenen der Gesellschaft erlebt.

Es ist ganz einfach Ihre Entscheidung, sich des Mitgefühls bewusst zu sein und zu beherzigen, dass es eine Alternative darstellt für die Reaktion auf andere Menschen. Doch zuallererst ist es eine Alternative für Ihren Umgang mit sich selbst.

Die Macht des Mitgefühls braucht Sie. Beginnen Sie damit, sich selbst ein wenig Mitgefühl entgegenzubringen. Erkennen Sie, wie schön Sie sind. Lieben Sie sich, inklusive all Ihrer Schwächen und Fehler. Sie haben diese Liebe verdient. Sie sind nach wie vor eine unglaublich schöne Seele, die anderen viel geben kann.

Wenn es Ihnen gelingt, freundlich mit sich selbst umzugehen, werden Sie auch in der Lage sein, gegenüber anderen Menschen, Tieren, der Erde und allem, was des Mitgefühls bedürfen könnte, freundlich zu sein.

Sobald Ihr Herz geöffnet ist, strömt die Macht des Mitgefühls ebenso selbstverständlich durch Sie hindurch wie die Luft, die Sie atmen. Das sind Sie sich schuldig.

Seien Sie sich dieser großartigen Kraft und all dessen, was Sie sein können, bewusst.

Seien Sie freundlich. Nehmen Sie Anteil. Und vor allem, haben Sie Mitgefühl.

20 Hoffnung

Während ich noch überlegte, ob ich etwas über Hoffnung schreiben sollte, fand ich es bemerkenswert festzustellen, dass im Wörterbuch eine der Bedeutungen dieses Begriffs »zuversichtliches Wünschen« lautet. Eine weitere lautet »wahrscheinlicher Erfolg«. Und dann noch »Wunsch oder Verlangen«, was naheliegender ist.

Ironischerweise verhält es sich aber so – zumindest gilt das für die meisten von uns –, dass wir, wenn wir auf die Hoffnung setzen, dies nicht unbedingt in einem Zustand des zuversichtlichen Wünschens tun. Beim Glauben, ja, da ist man zuversichtlich; man hat ein inneres Wissen, dass man auf dem richtigen Wege ist. Selbst wenn man noch nicht genau weiß, wie sich eine Sache entwickeln wird, so vertraut man darauf, dass alles gut geht.

Hoffnung hingegen wird oft von einem stillen Gebet oder einer unbestimmten Sehnsucht begleitet. Da ist ein Glaubensschimmer, der allerdings nicht unbedingt von Zuversicht getragen ist. Doch nur wenn wir an diesem wunderschönen Gefühl der Hoffnung festhalten, kann sich »wahrscheinlicher Erfolg« einstellen, was umso mehr gilt, wenn der Glaube schwindet oder von vornherein fehlt.

Wenn Sie darin etwas Übung entfalten, kann vertrauensvoller Glaube Sie über jede Situation hinwegretten. Er ist die unerschütterliche Überzeugung, dass etwas möglich ist, der Magnet, der anzieht, wovon Sie träumen. Doch natürlich gibt es auch Tage, an denen Sie weniger stark sind; schließlich strömt Veränderung ebenso natürlich durch unser Leben wie die Luft, die wir atmen. In Zeiten also, in denen Sie versuchen, zu Glauben und Zuversicht zurückzufinden, stützen Sie sich am besten auf die Hoffnung.

Hoffnung sorgt dafür, dass Ihr Traum nicht erlischt. Sie unterwerfen sich, aber Sie geben nicht auf. Es bedeutet: »Ich will weiter glauben, dass dies möglich ist, aber heute fühle ich mich dafür nicht stark genug. Deshalb übertrage ich es der Hoffnung, statt ganz aufzugeben.«

Durch eine solche Offenheit können Sie die Zügel ein wenig lockern, etwas Kontrolle abgeben, sich in die Obhut höherer Mächte begeben, die Ihr Gebet von Anfang an gehört haben. Hoffnung ermöglicht ein Fließen, das verletzlicher ist, aber zugleich auch empfänglicher. Dadurch geben wir Verantwortung ab, ohne unseren Traum fallen zu lassen.

Hoffnung stützt Ihr Bitten mit geradezu kindlichem Vertrauen. Das geschieht nicht immer durch »zuversichtliches Wünschen«. Doch die Hoffnung ist eine so fühlbare und liebende Kraft, dass sie zweifelsohne die Möglichkeit »wahrscheinlichen Erfolgs« birgt.

Ich bin ein großer Fan der Hoffnung und danke ihr dafür, dass sie mich durch einige der schwersten Phasen meines Lebens begleitet und getragen hat; Zeiten, in denen sich der Glaube vorübergehend eine Auszeit genommen hatte.

Wenn sich der Glaube momentan in Ihrer Welt nicht blicken lässt, bitte ich Sie: Reisen Sie in die Welt der Hoffnung. Sie ist wie eine weiche, umhegende, warme Decke, die Sie in stürmischen Nächten sicher schützt.

21 Mut zur Aufrichtigkeit

Je mehr ich die Beziehungen anderer Menschen beobachte – ob es um Freundschaft geht, familiäre Bindungen, Geschäftsbeziehungen oder die Beziehung eines Liebespaars –, desto mehr stelle ich fest, dass die wenigsten Menschen den Mut haben, wirklich aufrichtig miteinander umzugehen.

Oft scheinen sie gerade deshalb auf Aufrichtigkeit zu verzichten, weil sie Konflikte vermeiden wollen. Doch wie kann man ernsthaft den Frieden wahren, wenn der eine seine Empfindungen nicht ehrlich ausdrücken kann, ohne Gefahr zu laufen, dass der andere ihm das übel nimmt? Eine solche Beziehung steht unter der Herrschaft eines der beiden Partner.

Eine solche Beziehung kann in anderer Hinsicht immer noch viel Schönes mit sich bringen, wobei in der Regel ein Großteil des Ungemachs verdrängt wird. Zumindest so lange, bis die Dinge an einen Punkt kommen, an dem eine Aussprache fällig wird. Möglicherweise kommt es dann zu einem Eklat, und das, was man zu einem früheren Zeitpunkt ehrlich und ruhig hätte ansprechen können, wird nun wütend hervorgebracht. Dadurch ist die Chance, einander wirklich zuzuhören oder zu verstehen, sofort verspielt.

Ist es nicht besser, seine Gefühle offen zu artikulieren, sobald sie aufkommen, statt sie so lange vor sich selbst zu verstecken, bis man sie nicht mehr klar ausdrücken kann, da mittlerweile eine Vielzahl anderer Empfindungen hinzugekommen ist?

Natürlich gibt es keine Garantie dafür, dass Sie die Reaktion bekommen, auf die Sie gehofft haben. Aber wenn Sie mit anderen aufrichtig kommunizieren, können Sie sich zumindest selbst mit Respekt begegnen. Es gibt Fälle, in denen Sie einfach loslassen und anerkennen müssen, dass nicht jeder für immer ein Teil Ihres Lebens ist. Menschen kommen und gehen. Gemeinsam lernen sie das, weshalb sie hier sind, und ziehen dann weiter; manchmal geschieht das ganz selbstverständlich und unkompliziert, manchmal mit Pauken und Trompeten. Dies gilt für Liebesbeziehungen ebenso wie für Geschäftspartnerschaften, Freundschaften oder Familienbeziehungen.

Es ist nicht immer leicht, anderen gegenüber aufrichtig zu sein, noch kann man immer selbst gut damit umgehen. Aber Sie müssen ja dem, was der andere sagt, nicht unbedingt zustimmen, genau wie Ihr Gegenüber Ihnen nicht beipflichten muss. Wenn Sie jedoch mit den Gefühlen des anderen respektvoll umgehen und die Beziehung Ihnen so wichtig ist, dass Sie bereit sind, ihn in Ruhe aussprechen zu lassen, dann kann sich jede Art von Beziehung auf gesunde Weise weiterentwickeln.

Wenn Sie allerdings ganz offen miteinander gesprochen haben und sich keine Möglichkeit zur Versöhnung gefunden hat, dann ist es an der Zeit weiterzuziehen. Geben Sie dem anderen Ihren Segen für seinen weiteren Weg – wobei es vollkommen unerheblich ist, ob er davon erfährt oder nicht –, lassen Sie los und blicken Sie nach vorn. So entsteht in Ihrem Leben Platz für Menschen, die Ihnen besser entsprechen. Und Sie können beruhigt sein, dass Sie aufrichtig Ihrem eigenen Herzen Rechnung getragen haben. Nur weil dem anderen das, was Sie gesagt haben, nicht gepasst hat, heißt es noch lange nicht, dass Sie es lieber nicht hätten sagen sollen, oder umgekehrt. In beiden Fällen gilt: Jeder hat das Recht, gehört zu werden.

Welcher Art auch immer die Beziehung ist – Aufrichtigkeit erfordert Mut, wobei es manchmal hilfreich ist, wenn man den richtigen Zeitpunkt erwischt. Doch was sagt es über die Qualität einer Beziehung aus, wenn einer von beiden so viel Macht und Groll in sich trägt, dass der andere nicht so sein kann, wie er wirklich ist? Lohnt es sich tatsächlich, an einer solchen Beziehung festzuhalten?

Ich habe festgestellt, dass Aufrichtigkeit extrem befreiend ist. Dadurch lösen wir uns aus ungesunden Konstellationen oder Verbindungen, die unserem Wohlbefinden nicht mehr förderlich sind; zugleich geben wir anderen bezaubernden, erwachseneren Beziehungen die Möglichkeit, sich weiterzuentwickeln und zu erblühen.

Niemand ist perfekt, und vermutlich wird Ihnen nicht immer gefallen, was andere Leute sagen oder gar, was Sie selbst gesagt haben. Doch zumindest haben Sie sich Ihren eigenen Respekt verdient, weil Sie den Mut hatten, Ihre Gefühle klar zum Ausdruck zu bringen.

Man kann Aufrichtigkeit mit Mitgefühl und Empathie zum Ausdruck bringen, und diese Akte des Wohlwollens kommen auch Ihnen selbst zugute. Wenn Sie aufrichtig sind, sind Sie sich selbst gegenüber mitfühlend und freundlich, und das ist natürlich das Allerwichtigste.

22   Internetverbindung

Heute ist ein absolut fantastischer Morgen. Meine Lieblingsjahreszeit, der Herbst, kündigt sich wieder an. Die milde Sonne taucht die Berge in ein warmes Licht, und ich bin unendlich dankbar dafür, dass ich mein Leben mittlerweile so eingerichtet habe, dass ich die meiste Zeit zuhause arbeiten und den Wandel der Jahreszeiten genießen kann.

In letzter Zeit denke ich oft über die Vorteile des Internets nach; mir wurde bewusst, wie sehr ich von den Kontakten und Verbindungen, die es ermöglicht, profitiere. Für viele von uns ist das Internet zu einem festen Bestandteil des Lebens geworden, obwohl ich auch ein paar Menschen kenne, die immer noch ganz ohne das Internet leben und damit vollkommen glücklich sind.

Wenn man maßvoll damit umgeht, ist es ein wunderbares Hilfsmittel, um sich Informationen zu beschaffen, Neues zu lernen, um für Unterhaltung zu sorgen oder – und das finde ich das Beste daran – um mit gleichgesinnten Menschen in Kontakt zu treten.

Erst wenn der Gebrauch außer Kontrolle gerät, gehen diese Vorteile verloren, wie das eben überall der Fall ist, wenn das rechte Maß überschritten wird. Ob sich die Abhängigkeit vom Internet nun auf Spiele, Pornographie, Facebook oder sonst etwas bezieht – sie funktioniert wie jede andere Sucht. Der Nutzer hat in gewisser Weise die Verbindung zum realen Leben verloren und meint, er müsste der Wirklichkeit entfliehen, indem er verborgene Bedürfnisse durch oberflächliche zu stillen versucht.

Darüber hinaus hat die Anonymität des Internets dazu geführt, dass Menschen sich ganz anders benehmen, als sie es im echten Leben tun würden. Es verleitet zu einem falschen Machtgefühl, das sich unglücklicherweise in negativen Äußerungen und lieblosem Verhalten niederschlägt – ein Benehmen, das man in der direkten Begegnung mit seinem Gegenüber vermutlich nicht an den Tag legen würde. Das ist eine der hässlichen Seiten des Internets.

Von einer positiven Warte aus gesehen – und aus dieser Perspektive betrachte ich das Leben am liebsten –, hat dieses technologische Zeitalter die Welt jedoch auf unglaublich nützliche Weise zusammenrücken lassen. Wir können einfach und effizient auf Informationen zugreifen. Die Welt ist kleiner geworden in unseren Tagen, es gibt viel weniger isolierte Länder als in der Vergangenheit.

Gestern wurde ich von einer Journalistin aus New York interviewt. Als Mütter, die von zuhause aus arbeiten, entstand zwischen uns schnell eine Verbindung über die Themen Mutterschaft und Schreiben, auch wenn wir Letzteres in unterschiedlichen Rollen tun. Es war ein verschlafener Sonntagmorgen hier bei mir auf dem Land; das Gezwitscher der Vögel war allgegenwärtig. Bei der Journalistin war es Samstagabend, und in der Ferne konnte ich den Verkehr in New York hören. Ich staunte darüber, dass es möglich ist, zwei dermaßen unterschiedliche Welten so bequem und mit solcher Freude zu verbinden.

So sitze ich also hier an einem wunderschönen Montagmorgen in Australien, blicke auf die gelben Herbstblätter, die auf dem Rasen verstreut sind, sehe die Berge in vollkommenes Sonnenlicht getaucht, spüre einen leichten Windhauch, der durch das Fenster hereinweht, höre die Vögel singen und schreibe Ihnen, die Sie in einem anderen Land oder einer anderen Stadt leben, ein anderes Leben führen, in einer anderen Welt zuhause sind.

Und doch gibt es Freundschaft und eine Verbindung zwischen uns, weil wir Zugang zur Technik haben und wir uns durch ähnliche Weltanschauungen und ähnliche Werte gegenseitig in unsere Leben gezogen haben. Wer hätte gedacht, dass etwas so Kaltes und Steriles wie ein Computer weltweit und auf unterschiedlichste Weise tatsächlich so viel positive Energie generieren kann?

Das ist ein Geschenk an uns alle, ein Werkzeug, mit dem wir unser Leben positiv verändern können, in welche Richtung auch immer wir gelenkt werden. Nutzen Sie die vorhandenen Ressourcen und strecken Sie die Hand nach Menschen aus, die Ihnen gleichgesinnt sind. Sorgen Sie für eine positive Einstellung. Verbreiten Sie Wohlwollen und gute Absichten. Die Welt ist tatsächlich kleiner geworden, und zwar auf die bestmögliche Weise.

23 Der Unsichtbare

»Der Unsichtbare« war eine Show, die Mitte der Siebziger-
jahre im Fernsehen lief. Als kleines Mädchen liebte ich diese Sendung.

Hin und wieder denke ich noch an den »Unsichtbaren«.
Zum Beispiel wenn ich übers Land fahre und bis zum Horizont kein anderes Auto zu sehen ist und die Wiesen und Felder mit der Straße zu verschmelzen scheinen. Wenn ich dann,
ohne zu blinken, die Spur wechsle, entschuldige ich mich
fast jedes Mal beim »unsichtbaren Mann«, falls er – natürlich
in seinem unsichtbaren Auto – gerade auf der Gegenfahr-
bahn unterwegs war und meinetwegen abrupt ausweichen
musste. Allerdings hupt er nie, so dass ich annehme, dass er
ein ziemlich geduldiger Autofahrer ist.

Früher habe ich mir oft vorgestellt, wie es wäre, wenn ich
mir einen Anzug ausleihen könnte, der unsichtbar macht;
wobei der »unsichtbare Mann« selbst unsichtbar war und nur
einen für andere Menschen sichtbaren Anzug trug. Aber mir
hat dieser Gedanke schon so manches Vergnügen bereitet.

Ich träumte von ganz unterschiedlichen Dingen während
dieser gedanklichen Eskapaden. Als ich noch bei einer Bank
arbeitete und mitunter Papiere im Wert von über einer Million

Dollar in meiner Obhut hatte, musste ich natürlich oft an den unsichtbaren Anzug denken. Tja! Doch ich verdiente weiterhin wenig Geld und hatte keinen Bezug zu dem tatsächlichen Wert dieses Wertpapiers. (Dazu neigt man im Bankwesen.)

Natürlich entwickelte ich die eine oder andere Idee, wie ich damit Freunden einen Streich spielen könnte, etwa wie eine Fliege an der Wand zu kleben, sei es im beruflichen Kontext oder in privaten Situationen. Wenn dann jemand etwas sagen würde, womit ich nicht einverstanden war, würde ich einfach »Unsinn« murmeln und auf diese Weise den Anwesenden einen gehörigen Schreck einjagen, die sich suchend umblicken würden, woher die Stimme kam. Ein wenig Unfug hier und da kann nicht schaden.

Als ich anfing aufzutreten, wünschte ich mir oft einen solchen unsichtbaren Anzug, manchmal geschah das sogar mitten in einem Lied. Tut mir leid, Leute, ich muss mal eben in meinen unsichtbaren Anzug schlüpfen. Und die Gitarre geht dann ganz allein von der Bühne.

Oder beim Autofahren: Wenn man von einem dieser cholerischen Autofahrer bedrängt wird, zieht man sich einfach seinen unsichtbaren Anzug an und fährt weiter. Wenn der Typ dann neben einem ist, um einen zu beschimpfen, ist niemand da, den er anschreien könnte, und er fährt vollkommen verwirrt weiter – hoffentlich für immer geheilt von seiner aggressiven Fahrweise.

Ich bin mir sicher, dass ich auch versuchen würde, den unsichtbaren Anzug für gute Werke einzusetzen. Zum Beispiel eingesperrte Vögel freizulassen; Tieren, die schlecht behandelt werden und leiden, das Gatter zu öffnen, so dass sie entkommen können; wunderbare Schilder mit aufmunternden Botschaften für Leute in der Gegend aufzustellen, die das brauchen können; oder den Menschen, die ich liebe, einen sanften Kuss auf die Wange zu hauchen.

Zwar würde ein solcher Anzug all diese Dinge wesentlich erleichtern, aber man kann trotzdem so gewitzt sein und der Welt Gutes tun, ohne vollkommen unsichtbar zu sein. Dafür braucht es nur den richtigen Moment, ein kleines bisschen Vorbereitung, etwas Mut und auch ein bisschen Schalk.

Wenn Sie in letzter Zeit nichts Albernes gemacht haben oder es schon länger her ist, dass Sie eine gute Tat vollbracht haben, dann strengen Sie mal Ihre grauen Zellen an und schauen Sie, was dabei herauskommt. Überraschen Sie die Menschen, die Ihnen nahestehen, mit Kleinigkeiten, oder bereiten Sie Unbekannten eine kleine Überraschung. Das kommt allen zugute – denjenigen, die etwas von Ihnen empfangen, und Ihnen selbst, weil es sich großartig anfühlt. Die Welt braucht Menschen, die ein bisschen Spaß in die Bude bringen. Je mehr glückliche Mitglieder wir in unserer menschlichen Familie haben, desto glücklicher wird die Familie insgesamt sein. Werden Sie kreativ. Treiben Sie ein bisschen Unfug. Es macht Spaß!

Und keine Sorge: Sollte ich je im Ausverkauf unsichtbare Anzüge entdecken, gebe ich Ihnen auf jeden Fall Bescheid.

24 Seien Sie einfach Sie selbst

Einfach wir selbst zu sein ist eine der größten Herausforderungen überhaupt. Viele Menschen wissen noch gar nicht, wer dies überhaupt sein soll, und einigen gelingt es traurigerweise nie, zu Lebzeiten ihr volles Potenzial auszuschöpfen.

Sie selbst zu sein, erfordert unglaublich viel Mut, und zwar aus zwei Gründen. Zum einen ist es durchaus wahrscheinlich, dass Sie bei der »normalen« Gesellschaft, also der konditionierten Mehrheit, anecken werden (zumindest so lange, bis alle von uns wir selbst sind). Zum anderen bedeutet es, dass Sie sich mit sich selbst und den ganz tief in Ihnen verborgenen Ängsten auseinandersetzen müssen, um herauszufinden, wer Sie wirklich sind. Dafür müssen Sie die Konditionierungen Ihrer Vergangenheit wieder rückgängig machen; das Gleiche gilt für den Einfluss, den andere auf Sie ausgeübt haben, Mitglieder Ihrer Familie, Gleichaltrige und die Gesellschaft als solche.

Vor einigen Jahren erhielt ich eine E-Mail, die mich darauf hinwies, dass einer meiner Artikel Grammatikfehler enthielt, und zugleich davor warnte, dass es da draußen einige pedantische Kritiker gäbe. Das war freundlich und vermutlich konstruktiv gemeint, und von daher weiß ich die Absicht zu schätzen.

Da ich mich nun seit einiger Zeit in der Öffentlichkeit bewege, habe ich die Erfahrung gemacht, dass es immer Leute gibt, die etwas auszusetzen haben. Das gehört zum menschlichen Leben einfach dazu. Wir werden niemals alle miteinander einer Meinung sein, und wir haben auch das Recht auf eine eigene Meinung.

Doch spielen Dinge wie Perfektion und grammatische Richtigkeit am Ende wirklich eine Rolle? Ich kann mir nicht vorstellen, dass ich auf dem Sterbebett denke: »Hätte ich jenen Artikel doch bloß anders geschrieben.« Mir macht es durchaus Spaß, mich als Autorin weiterzuentwickeln. Es macht mir immer Spaß, wenn ich in irgendeinem Bereich besser werde. In meinem tiefsten Herzen froh aber bin ich dann, wenn ich mich ehrlich ausdrücke. Das ist alles, was ich von mir verlange – und dass ich das damit einhergehende Wachstum genieße. Vielleicht ist die Grammatik-Polizei nicht hundertprozentig mit meinem Stil einverstanden, aber das muss sie auch nicht.

Es gibt Werkzeuge, die uns bei all unseren Unterfangen unterstützen können, und viele davon sind wirklich sehr hilfreich. Lernen ist eine fantastische Sache, und wir können viel voneinander lernen, das ist klar. Aber mir tun jene Menschen leid, die schreiben, zeichnen, sprechen, malen oder sonst etwas in ihrem Leben tun und dabei stets nur daran denken, wie andere ihre Kreativität wohl aufnehmen werden. Was für eine Belastung das sein muss!

Auf meiner Wanderung durch die herrlichen Berge und Felder hier in dieser Gegend führte mich all das zu dem Gedanken, dass sehr viele Menschen Konformität für das

Natürlichste von der Welt halten. Wir Menschen haben uns eine ängstliche Gesellschaft geschaffen, in der die Mehrheit es angenehmer findet, sich von Konformität leiten zu lassen, auch wenn sie das nicht wirklich glücklich macht.

Wo bleibt in einer solchen Gesellschaft Raum für den individuellen Ausdruck? Auf das eigene Herz zu hören kostet ungemein viel Mut. Das will ich gar nicht leugnen. Und viele mag es überfordern, dafür die Kraft zu finden; das erscheint viel schwieriger, als sich im Gefolge der Mehrheit vorwärtszuhangeln.

Wenn Sie jedoch einen Taktschlag hören, der für Sie stimmig ist, und Sie wissen, dass er nicht zum Takt der Masse passt, dann werden Sie nie in Ihren Rhythmus finden, solange Sie nicht lernen, diesem Takt zu entsprechen.

Die meisten Menschen haben ihren eigenen Rhythmus noch nicht gefunden. Also marschieren sie im Takt der Allgemeinheit, auch wenn sich auf diesem Wege kein wahres Glück einstellt, insbesondere wenn das Kollektiv unauthentisch und ohne innere Wärme agiert. Zudem ist es ein Takt, der nicht stimmig ist.

Doch was für eine unglaublich schöne Sinfonie wird erklingen, wenn alle von uns wirklich im eigenen Rhythmus laufen! Es wird ein freudiger, vollkommener Einklang sein, bei dem jeder sich so annimmt, wie er ist, und wir uns zusammentun, um eine erhebende, harmonische Sinfonie zu schaffen.

An diesem Punkt wird Mut erforderlich, der Mut, gemäß dem eigenen Rhythmus zu leben. Was andere von Ihnen denken mögen, zählt nichts im Vergleich zu dem, was Sie selbst von sich halten. Sie müssen also jenem tiefsitzenden Verlangen, Ihr wahres Selbst zu verwirklichen, Rechnung tragen; das ist die eigentliche Herausforderung. Und es ist das größte Geschenk, das Sie sich selbst und der Welt machen können.

Wenn Sie das tun, werden Sie ganz natürlich auch zur Verbesserung der Welt beitragen wollen, so dass *alle* etwas von Ihren Bemühungen haben. Die Loslösung von den Erwartungen anderer führt möglicherweise zunächst dazu, dass ein Schwall der Kritik über Sie hereinbricht, was einige Zeit andauern kann – nämlich so lange, bis sich Ihr Umfeld daran gewöhnt hat. Doch letzten Endes geht es bei der Kritik gar nicht um Sie. Es geht um denjenigen oder die Menschen, die sie äußern. Lassen Sie die Kritik an sich abperlen, und wenn Sie stark genug sind, können Sie sie sogar als ein Werkzeug nutzen, um Ihr Mitgefühl für das Leiden des anderen weiterzuentwickeln.

Wenn Sie sich auf den Weg machen, um sich Ihr eigenes Leben zu erschaffen, wird das anfangs bei anderen Menschen Angst auslösen, da sie mit ihren eigenen Ängsten konfrontiert werden. Darauf haben Sie keinen Einfluss. Aber wie Sie auf die Meinungen der anderen reagieren und inwieweit Sie sich davon beeinflussen lassen, das können Sie schon steuern. Lassen Sie sich nicht ablenken und folgen Sie Ihrem Herzen. Es lohnt sich. Wirklich.

Niemand blickt auf dasselbe Leben zurück wie Sie. Wir alle gehen unseren eigenen Weg und machen unterschiedliche Erfahrungen. Niemand – kein einziger Mensch – betrachtet das Leben mit Ihren Augen.

Wie um Himmels willen sollte also die Wahrheit eines anderen Menschen auch für Sie gelten? Das ist unmöglich. Sie müssen ein eigenes Gespür für sich selbst entwickeln; Sie müssen herausfinden, was *Ihre* Wahrheit ist, was *Sie* glücklich macht.

Was andere Menschen denken und finden, geht auf Erfahrungen zurück, die sie in ihrem Leben gemacht haben. Einige sind vielleicht tatsächlich relevant und können Ihnen helfen, aber auf viele Erfahrungen wird das nicht zutreffen. Übernehmen Sie also die Dinge, die in Ihnen Nachhall finden, und den Rest blenden Sie einfach aus. Nur so geht es. Denn ansonsten werden Sie so, wie die anderen Sie gern haben wollen, statt so, wie Sie selbst sein wollen.

Die Auflagen und Zwänge eines konformistischen Lebens werden niemals ein gesunder Begleiter für ein glückliches Leben sein. Tief in Ihnen verbirgt sich ein Traum, der langsam zu seinem eigenen Rhythmus schlägt. Er will gehört werden. Aber das geht nicht, solange Sie in Ihrem Leben und Ihrem Geiste das Tempo nicht so weit drosseln, dass Sie ihn hören können.

Doch wenn Sie das tun, werden Sie immer wissen, dass er da ist. Frieden finden Sie, wenn Sie lernen, sich zu jenem Takt zu bewegen und eines Tages vielleicht dazu zu tanzen. Als Belohnung winkt das Glück.

Seien Sie Sie selbst. Das ist der Grund, weshalb Sie hier sind.

25 Sich selbst lieben

Meine hinreißende kleine Tochter steht vor dem Spiegel und lächelt sich an, und mir geht das Herz auf, wenn ich sehe, wie aufrichtig darin Selbstliebe und Bewunderung zum Ausdruck kommen. Wenn ich sie frage, ob sie schön ist, antwortet sie, ohne zu zögern, »Ja«, und das stimmt natürlich. Sie kann über sich selbst lachen, sie weiß, wann sie witzig ist, und sie freut sich über ihren eigenen Humor ebenso wie über ihr Äußeres und alles Übrige ihrer kleinen Person, in all seiner Vollkommenheit und Schönheit.

Selbstliebe ist am Anfang unseres Lebens der natürliche Zustand. Warum sollten Sie sich auch nicht lieben? Sie sind ein göttliches Wesen der Liebe, in jedem Augenblick vollkommen, und Sie sind hier auf Erden, um als Mensch Erfahrungen zu machen. Leider geschieht es nur allzu oft, dass dieser natürliche Zustand der Selbstliebe im Laufe unseres Heranwachsens verloren geht. Wir stellen Vergleiche an, verurteilen uns selbst, und die Ansichten von anderen, denen es oft selbst an Selbstliebe mangelt, machen Sie so mürbe, bis Ihnen ein Leben in Selbstverachtung leichter fällt, als stolz den Menschen zu lieben, der Sie sind. Wie wäre es, wenn

Sie sich nun stattdessen darin üben würden, freundlich zu sich selbst zu sein?

Selbstliebe wird allzu oft mit Egoismus auf eine Stufe gestellt, doch das ist ein Fehler. Diese irrtümliche Auffassung hindert die Menschen daran, dass sie ihren eigenen Bedürfnissen Raum geben und sich selbst liebevoll behandeln, weil sie glauben, das sei egoistisch. Ich möchte diesen Punkt ein für alle Mal klären. Das ist kein Egoismus. Beim Egoismus dreht sich alles *ausschließlich* um einen selbst. Bei der Selbstliebe hingegen kümmert man sich um sich selbst ebenso wie um andere.

Nicht nur ist die Übung in Selbstliebe keineswegs egoistisch, vielmehr ist dies ein notwendiger Schritt, wenn Sie einen echten und ausgewogenen Beitrag zum Leben insgesamt leisten wollen. Egoismus führt zu Einsamkeit. Selbstliebe bewirkt das genaue Gegenteil davon, sie führt zu Einigkeit, Glück und Mitgefühl. Jene Schwingungen, die von einem Menschen ausgehen, der mit sich im Einklang ist, kommen Tausenden zugute.

Somit bleibt die Frage: Warum ist es bloß so schwierig, sich darin zu üben? Haben wir Angst, uns lächerlich zu machen, weil zuzugeben, dass wir uns selbst lieben, möglicherweise die Ablehnung anderer Menschen hervorruft – Menschen, die dafür überhaupt kein Verständnis haben und denen die Vorstellung, sich selbst zu lieben, so fremd ist, dass sie noch nicht einmal den Gedanken verstehen? Liegt es an jenen Überzeugungen, die uns als kleinen Kindern eingepflanzt wurden, denen zufolge wir das Gute nicht verdient haben? Oder sind Sie vielleicht viel zu beschäftigt, um überhaupt zu merken, dass Sie sich nicht mit Selbstliebe begegnen? Haben Sie Schuldgefühle, wenn Sie Ihre Gedanken zu den Dingen schweifen lassen, die Sie tun würden, wenn Sie sich wirklich liebten – wie zum Beispiel sich einmal Zeit nur für das zu nehmen, was Ihnen Spaß macht und wovon Sie träumen?

In jeder Partnerschaft entwickelt sich die Liebe fortwährend weiter. Bei der Selbstliebe ist es genauso. Es braucht viele Jahre der freundlichen Zuwendung, bewusster Entscheidungen, der Versöhnlichkeit und Vergebung, des Mitgefühls, der Pflege und Geduld. Und wie auf jeder Reise wird es Zeiten geben, in denen alles fließt und einem locker von der Hand geht, und andere Zeiten, in denen Sie die Dinge einfach geschehen lassen sollten und sich ein wenig ausruhen müssen. Es gibt viele Seiten an Ihnen – vergangene und gegenwärtige –, die sie erst noch zu lieben lernen müssen oder sich daran erinnern sollten, sie zu lieben.

Lieben Sie das kleine Kind, das sich aus Gründen des Selbstschutzes eine Reihe falscher Überzeugungen zugelegt hat. Lieben Sie den Teenager, der versuchte, seinen eigenen Weg zu finden, der einige Dinge frei entscheiden konnte und dabei vielleicht nicht immer das Richtige wählte. Lieben Sie den jungen Erwachsenen, der noch von den Konditionierungen seiner Vergangenheit geprägt war. Lieben Sie den etwas reiferen Erwachsenen, der vielleicht alles infrage gestellt hat, was ihm Schmerzen und Sorgen bereitet hat, der aber weiter nach seinem Weg suchte. Und lieben Sie schließlich den Menschen, der Sie jetzt sind oder zu dem Sie nun werden. Lieben Sie ihn für den Mut, sich weiterentwickeln zu wollen hin zu dem, der Sie werden sollen, denn dazu wurden Sie geboren.

Um zu jenem Menschen zu werden, müssen Sie sich von einigen Aspekten Ihrer Persönlichkeit verabschieden. Tun Sie das jedoch mit Liebe. Es ist ein allmählicher Prozess des Loslassens. Sie können nicht der sein, der Sie eigentlich sind, wenn Sie immer bleiben, wie Sie waren; dies gilt umso mehr, falls jener Mensch vor allem durch vergangene oder gegenwärtige Einflüsse seitens der Familie, Kollegen oder der Gesellschaft geprägt wurde. Selbstliebe handelt davon, dass Sie sich selbst erlauben zu entdecken, wer Sie in Wahrheit sind, und dann darauf hinwirken, dass Sie diesem Menschen entsprechen.

Unrealistische Erwartungen lösen allerdings Druck aus, seien Sie deshalb nicht zu streng mit sich. Behandeln Sie sich wie ein Kind, das in Ihrer Obhut ist. Schauen Sie sich in die Augen und sagen Sie mit einem liebenswürdigen Lächeln »Ich liebe dich« und lernen Sie, diese Liebe anzunehmen. Sagen Sie »Ich liebe dich«. Und zeigen Sie es auch. Empfangen Sie diese wunderschöne Liebe in Ihrem eigenen zartfühlenden Herzen. Gehen Sie sacht mit sich um, seien Sie freundlich und geduldig.

Wenn immer mehr Menschen lernen, sich mit echter Selbstliebe zu begegnen, hat das ungemein positive Folgen für die ganze Welt. Durch Selbstliebe schwinden das Verurteilen sowie falsche Erwartungen an andere Menschen, das Gleiche gilt für Ungeduld, Kritik und Druck. Warum? Weil ein Mensch, der auf dem Weg der Selbstliebe wandelt, versteht, dass wir alle hin und wieder leiden, und dafür Mitgefühl empfindet.

Ein Mensch, der sich selbst liebt, ist ein glücklicher Mensch, und ein glücklicher Mensch teilt seine Freude mit anderen. Ein Mensch, der sich selbst liebt, versteht das Prinzip der Ausgewogenheit und sieht ein, dass man sich zuweilen etwas Zeit für eigene Bedürfnisse nehmen muss, um für andere auf bestmögliche Weise da zu sein.

Sich selbst lieben zu lernen, gehört zu den schwierigsten Lektionen überhaupt. Aber Sie haben Ihre eigene Liebe verdient. Blicken Sie also in die Augen des Menschen, der vor Ihnen steht, des Menschen, der Sie momentan sind, und sagen Sie mit weichem, freundlichem Herzen: »Ich liebe dich.«

Es ist eine Reise, die niemals endet, aber sie beginnt zuallererst mit diesen drei Worten und einem warmherzigen Lächeln.

26 Lektion auf einem Parkplatz

Manchmal wirkt dieses Tal wie eine verlassene Wüste, so still ist es. Im Sommer stammen die einzigen Geräusche mittags von den Insekten. Die Vögel ruhen sich während der heißesten Tageszeit aus, wobei ihr Gesang wie immer den Tag eingeläutet hat und am Nachmittag zurückkehrt.

Gestern Abend haben wir die Possen ein paar unterschiedlicher Vogelarten beobachtet, die jeweils ihr Gebiet verteidigten und die anderen ärgerten. Ich äußerte die Vermutung, dass sogar Vögel zuweilen ein Ego haben. So scheint es tatsächlich, obwohl ich ihr Verhalten lieber als einen Ausdruck von Mutter- und Beschützerinstinkten verbuche – im Zweifel für den Angeklagten.

Für uns Menschen geht es im Leben fortwährend darum zu lernen, von unserem Ego abzulassen und uns im Herzen weiterzuentwickeln. Eine hervorragende Gelegenheit bot sich mir dafür neulich auf einem Parkplatz.

Ich war von einer Kurzreise zurückgekehrt und fuhr müde, aber glücklich nachhause. Im Einkaufszentrum wollte ich noch kurz etwas Obst kaufen, bog also ab, guckte mir einen

Parkplatz aus und fing an, rückwärts einzuparken. Ich fahre einen Transporter, der etwas sperrig ist. (Im Laderaum befindet sich allerdings eine Schlafgelegenheit, und das bedeutet Freiheit!) Da ich schon mit sieben Jahren gelernt habe, Trecker zu fahren, betrachte ich mich als ziemlich gute und geduldige Fahrerin.

Ein paar Menschen liefen vorbei, die ich auch gesehen hatte. Da ich meinen Blinker gesetzt hatte und mich im Fahrbereich des Parkplatzes befand, schlug ich rückwärts ein. Doch bevor ich michs versah, schimpfte eine Fußgängerin auf mich ein, dass ich beinahe ihre Tochter überfahren hätte. Ich war völlig verblüfft, so unvermittelt beschimpft zu werden, da stürmte die Frau mit weiteren Beleidigungen auch schon wieder davon. Die Tochter war immerhin schon im Teenageralter, sie schob einen Einkaufswagen vor sich her und war alt genug, auf sich selbst aufzupassen. Das ist etwas anderes, als wenn ein Kleinkind unbeaufsichtigt auf einem Parkplatz herumrennt, da hält man natürlich an, wenn es einem in die Quere läuft.

Nachdem ich geparkt hatte, sprang ich aus dem Wagen und wollte gerade zum Obstmarkt gehen, als mir etwas in der Art von »So geht das nicht!« durch den Kopf schoss. Da ich auch nur ein Mensch bin, weiß ich allerdings nicht mehr genau, ob meine Gedanken tatsächlich *ganz* so höflich waren. Es ist leicht, das Verhalten anderer mit Hilfe von Mitgefühl zu entschuldigen, und in der Regel versuche ich, diesen Weg einzuschlagen. Aber es gibt auch Zeiten, in denen Mitgefühl und Freundlichkeit gegenüber einem selbst Vorrang haben.

Ich ging also ganz ruhig zu dem Auto der Dame. Ihr Mann war auch da. Kaum sah er mich kommen, plusterte er sich zur Verteidigung auf. Leider tat das auch ihre Tochter, die als Teenagerin bereits das Produkt ihrer wütenden Eltern war.

Ich fragte die Frau ruhig, was ich denn hätte tun sollen? Als sie erwiderte, dass ich auf einen Parkplatz zugesteuert sei, mich dann aber anders entschlossen hätte, konnte ich ihr guten Gewissens und vollkommen aufrichtig sagen, dass ich nie vorgehabt hatte, in den Parkplatz vor mir einzuparken; ich hatte geblinkt, und auch meine Rücklichter waren eingeschaltet gewesen.

»Wollen wir die Sache nicht einfach als ein Missverständnis abhaken?«, schlug ich vor, um nicht meinerseits auf ihre Wut mit Unfreundlichkeit oder noch mehr Wut zu reagieren. Sie war über diesen kleinen Vorfall jedoch so aufgebracht, dass sie bloß weitere Unverschämtheiten schrie und dann »Ja, tun wir das doch« sagte, mich dabei aber immer noch wütend anfunkelte.

Als ich wegging, schlug mein Herz zwar wie wild, aber ich war trotzdem froh, dass ich die Sache angesprochen hatte. Ein älteres Ehepaar hatte die Angelegenheit aus der Nähe verfolgt, und auf dem Weg ins Einkaufszentrum sagte der Mann zu mir, dass ich gut reagiert hätte und dass die wütende Frau im Unrecht war. Das beruhigte mich ein wenig, obwohl es mir zugleich erneut vor Augen hielt, wie sehr wir uns zuweilen auf die Zustimmung anderer stützen, um unser Handeln zu rechtfertigen – so wie sich die wütende Frau in ihrer Haltung von ihrem Mann bestätigt fühlte.

In der Nähe saß ein Mann, der ungefähr in meinem Alter war, in seinem kleinen Truck. Auch er sagte etwas Ähnliches und bekundete Verständnis und Respekt. Ich dankte ihm, lächelte und ging in das Geschäft. Während ich dort ein paar Dinge zusammensuchte, bemühte ich mich, allen dreien – Mutter, Tochter und Vater – in Gedanken mit Mitgefühl zu begegnen. Aber mein Ego war immer noch etwas erregt und dachte: »Wie können sie es bloß wagen?«

Zehn Minuten später fuhr ich eine wunderschöne Landstraße entlang, und da überkam mich dann eine Welle des Mitgefühls für die ganze Familie. Mir tat das Mädchen leid, das bereits als Teenagerin ein Produkt seiner Eltern geworden war. Dann dachte ich mit schwesterlichen Gefühlen an die Frau, und sie tat mir leid, von Frau zu Frau. Offensichtlich hatte sie einen schlechten Tag erwischt, aber ich spürte, dass sie vermutlich auch insgesamt kein gutes Leben hatte. Der Mann hatte das getan, was jeder Vater und Ehemann tun würde, er hatte sich aufgeplustert, um die Menschen, die er liebte, zu beschützen. Wobei auch seine eigene Wut deutlich geworden war.

Vor meinem inneren Auge sah ich die drei davonfahren, jeder in seine eigene Wut verstrickt. Im Laufe der Jahre war es mir gelungen, die meisten wütenden Menschen aus meinem Leben zu verbannen. In meinen jüngeren Jahren hatte ich so viel mit der Wut anderer Menschen zu tun gehabt, dass das bestimmt für zehn weitere Leben reichen würde. Mit Ärger kannte ich mich also gut aus.

Während ich durch die Landschaft fuhr und sich rechts und links der Straße Bäche, Flüsse und Berge abzeichneten, dachte ich über diese Leute nach. Sie waren in Schablonen des Ärgers verstrickt und auf diese Weise eng miteinander verbunden; ich fragte mich, wie ihr Leben wohl aussehen mochte. Wie sollten sie mir nicht leidtun? Ich fühlte mit ihrem Unglück. Zugleich war ich mit mir im Einklang, weil ich zu mir gestanden und die Sache nicht einfach so hingenommen, sondern meinen Standpunkt verteidigt hatte. Mitgefühl heißt nicht, dass alle anderen ihren Mist auf einem abladen können. Zuallererst sind wir uns schuldig, uns selbst zu lieben.

Vermutlich hätte ich auch nichts sagen und trotzdem Mitgefühl für sie entwickeln können. Das wäre edel gewesen und frei von Ego, wenn es aus der richtigen Einstellung heraus geschehen wäre. Aber ich bin auch nur ein Mensch. Und für mich stellt sich der Vorfall eher als eine Lektion in Sachen Selbstliebe dar als in Mitgefühl, obwohl er das natürlich auch war.

Wenn ich ebenfalls wütend geworden wäre, hätte ich im Endeffekt nur das Gift dieser Frau aufgesogen. Aber dadurch, dass es mir gelungen war, ruhig zu bleiben und in der Art zu sprechen, wie ich es getan hatte, endete die Angelegenheit ganz anders.

Parkplätze zählen im Sommer ohnehin nicht zu den angenehmsten Orten. In der Hitze und Hektik brennt schnell mal eine Sicherung durch. Das Gleiche gilt für Geschäfte und Einkaufszentren in der Vorweihnachtszeit. Im Gedränge werden die Leute ungeduldig, zudem stehen sie finanziell noch mehr unter Druck als sonst. Doch wenn es uns gelingt, unser Ego ein kleines bisschen loszulassen, können wir dazu beitragen, dass in dieser betriebsamen Zeit nicht ganz so viel Energie verschwendet wird.

In jener Nacht schlief ich sehr gut, nachdem ich einen herrlichen Sonnenuntergang von der Veranda aus beobachtet, etwas Gitarre gespielt und gesungen hatte und zahllose Frösche und Sterne hervorgekommen waren. Der Vorfall auf dem Parkplatz schien bereits Ewigkeiten her. Während ich mich nun daran erinnere, frage ich mich, ob die Nicht-so-glückliche-Familie ebenfalls gut schlief. Oder nutzten sie ihre jeweilige Empörung, um sich weiter zu rechtfertigen und die Sache viel länger mit sich herumzuschleppen als nötig?

In diesem Fall gab es eine feine Linie. Sie verlief zwischen dem Ort, an dem ich meinem Ego eine Absage erteilte, indem ich vor allem Mitgefühl entwickelte, und dem Anspruch, mir selbst mit Liebe zu begegnen. Das Ego loszulassen und stattdessen sein Herz zu bilden ist etwas, womit alle von uns fortwährend zu tun haben, Schicht um Schicht. Doch je weiter man auf diesem Weg voranschreitet, desto leichter fällt es einem, da negative Reaktionen zum Glück abnehmen und immer mehr verschwinden. Und während es offensichtlich allen Menschen, auch den wütenden, nutzt, wenn wir einander mitfühlend begegnen, so wird der oder die Mitfühlende am meisten belohnt.

Daher wünsche ich Ihnen sehr, dass in diesen geschäftigen Zeiten Ihr Ego nicht *allzu stark* ist. Zugleich hoffe ich, dass Sie sich immer wieder in Erinnerung rufen, dass auch Sie die Liebe und das Mitgefühl, das Sie zu geben haben, verdienen. Und wenn das hin und wieder bedeutet, dass Sie dafür etwas lauter werden, dann soll es so sein.

Der Vorfall auf dem Parkplatz hat bei mir zu Frieden und Selbstliebe geführt. Bei den anderen blieb der Ärger.

Ich weiß, was von beidem mir lieber ist.

27 Türen öffnen

Wenn ein Hund am Zaun steht und bellt, würde er vermutlich alles tun, um aus dem Garten raus und in den Genuss der Freiheit zu kommen. Als ich heute meinen Morgenspaziergang machte, sah ich einen Hund, der bellte, um wieder in einen Garten *hinein* zu dürfen. Es war frisch, vielleicht fand er deshalb die Aussicht auf ein gemütliches Kissen vor dem Kamin verlockender als das Abenteuer der Freiheit, das ihm der nächtliche Sprung über den Zaun beschert hatte. Zum Glück wurde der Hund gehört, und das Tor öffnete sich. Fröhlich und dankbar lief er mit wedelndem Schwanz hinein.

Menschen in das eigene Leben hineinzulassen ist zuweilen nicht ganz so leicht, auch wenn klar ist, dass sie das genauso gern möchten, wie der kleine Hund in den Garten wollte. Wenn jemand Sie in der Vergangenheit immer wieder verletzt hat, ist es ganz natürlich, dass ein Teil von Ihnen einen Zaun oder eine Mauer errichten möchte, um zu verhindern, dass Sie wieder verletzt werden.

Diese Bewältigungsstrategie kommt von einem Ort des Schmerzes, der oft über Jahre hinweg entstand, und gründet in einer Reihe von Überzeugungen, die möglicherweise gar nicht mehr die richtigen sind. Statt sich der Gefahr auszusetzen, mit einem ähnlichen Verhalten konfrontiert zu werden, stecken Sie nun all Ihre Bemühungen darein, den betreffenden Menschen oder die betreffenden Personen aus Ihrem Leben auszuschließen. Das kostet mitunter sehr viel mehr Kraft, als Ihnen bewusst ist.

Als ich die Sterbenden pflegte, betraf eins der Versäumnisse, welches immer wieder erwähnt wurde, den Wunsch, die Patienten hätten früher den Mut gehabt, ihre Gefühle stärker auszudrücken; sie wünschten, sie wären aufrichtiger gewesen. Wenn man allmählich zu einer solchen Tapferkeit findet und sich darin übt, aufrichtig zu sein, gelingt es einem immer besser; es wird zunehmend leichter, bis es irgendwann zu einer ganz natürlichen Seite der eigenen Persönlichkeit wird.

Was jedoch, wenn Sie ehrlich sind und nicht die Reaktion erhalten, die Sie gern hätten? Das ist der Punkt, an dem Sie erkennen, dass das Gesagte de facto Ihrer eigenen Heilung diente, Ihrem Gegenüber jedoch nicht unbedingt zum Besten gereichte. Es *kann* zu einem Heilungsprozess auf beiden Seiten führen, und oft tut es das auch, aber eben nicht immer. Für einige ist eine solche aufrichtige Äußerung schlichtweg zu viel. Über Einzelheiten vergangener Handlungen zu sprechen, insbesondere wenn man sich schämt und erst noch lernen muss, sich selbst zu verzeihen, übersteigt oft die Kräfte.

Dann wieder kommt es vor, dass manche Menschen wirklich nicht verstehen, wie viel Schmerz sie anderen zugefügt haben. In solchen Fällen kann einen der Drang, die Dinge laut an- und auszusprechen, geradezu verzehren, denn man will, dass der andere weiß, wie stark er einen verletzt hat. Man glaubt, der eigene Schmerz ließe sich lindern, wenn man den anderen für seine Worte oder Taten zur Verantwortung ziehen könnte. In solchen Zeiten muss man ganz viel Mitgefühl und Mut aufbringen, um loszulassen und sich in Erinnerung zu rufen, dass das letztendlich egal ist. Das Leben ist der allerbeste Lehrer. Es mag sein, dass jener Mensch nicht bewusst unter dem Wissen leidet, dass er Ihnen Schmerzen zugefügt hat, aber alle Samen, die wir im Laufe unseres Lebens säen, tragen auf die eine oder andere Weise Früchte. Sie müssen nicht der Oberpolizist sein, der die Dinge in Ordnung bringt. Das Leben holt jeden ein.

Entschuldigung ist ein großes Wort. Es kann in einem einzigen Augenblick jahrelanges Leid gutmachen. Sein Klang ist manchmal die bezauberndste Melodie überhaupt. Wenn in einer Beziehung beide Seiten für eine reife Form der Kommunikation bereit sind, ist Aufrichtigkeit der Auslöser eines umfassenden Heilungsprozesses; dann kann sich die Magie des Wortes »Entschuldigung« entfalten, und manchmal kommt es sogar von beiden.

Wenn die Beziehung jedoch noch nicht so ausgewogen ist, dass beide zu einem reifen und aufrichtigen Austausch bereit sind, dann ist es mitunter die allergrößte Zeitverschwendung, darauf zu warten, dass der andere sich entschuldigt. Möglich ist freilich auch, dass es dem anderen tatsächlich leidtut, es ihm aber leichter fällt, dies zu zeigen statt auszusprechen, um eine weitere schmerzhafte Begegnung zu vermeiden.

Wenn Sie darauf verzichten, aus dem Mund Ihres Gegenübers das Wort »Entschuldigung« zu hören, und stattdessen anderen zugestehen, ihren Gefühlen auf ihre eigene Weise Ausdruck zu verleihen, schenken Sie sich selbst Freiheit. Taten können Bedauern und Reue genauso klar zum Ausdruck bringen wie das gesprochene Wort, sogar lauter. Solange Sie daran festhalten, die Gesamtsituation beherrschen zu wollen, und darauf pochen, dass der andere sich entschuldigt, so lange vergeuden Sie Ihre Energie und sorgen bloß dafür, dass Ihr Schmerz sich festsetzt.

Lassen Sie die anderen also herein. Der Punkt, an dem das möglich ist, setzt eventuell bereits einen umfassenden Heilungsprozess voraus. Die Entscheidung, die anderen hereinzulassen, ist jedoch nicht schwer. Sie hören auf zu kämpfen. Sie wissen, dass das Leben der beste Lehrer ist (und zwar für Sie beide). Sie müssen auch nicht über Nacht beste Freunde werden, oder je wieder. Doch wenn dieser Mensch nach wie vor in Ihrem Leben ist und Sie nach wie vor berührt, dann kann es durchaus sein, dass ein Teil von Ihnen diesen Menschen noch liebt.

Andere Menschen hereinzulassen kann eine ganz persönliche Entscheidung sein, von der die anderen möglicherweise gar nichts mitbekommen. Tun Sie es für sich selbst, wenn noch allzu viel Schmerz mit dieser Beziehung verbunden ist. Beschließen Sie um Ihrer selbst willen, ihnen langsam wieder Zutritt zu gewähren. So wird die Energie, die Sie zuvor darauf verwenden mussten, sie abzuwehren, unmittelbar freigesetzt. Der verletzte Kern in Ihnen beginnt zu heilen.

Falls irgendwelche Aspekte seines oder ihres früheren Verhaltens wieder auftreten –und aller Wahrscheinlichkeit nach wird das nicht geschehen –, sind Sie nun jedoch an einem Punkt, von dem aus Sie anders reagieren. Sie haben jetzt das Recht, für sich selbst einzutreten, auch wenn das vielleicht niemals nötig werden sollte.

Die Entscheidung, jemanden wieder in Ihr Leben zu lassen, war es denn vielleicht auch schon. Sie muss nicht mit Pauken und Trompeten daherkommen. Aber etwas tief in Ihnen wird von dem Weichwerden, das eine solche Entscheidung ermöglicht, profitieren. Langsam aber sicher werden Ihre Gespräche wieder inniger, und Liebe wird sacht wieder in die Beziehung einfließen.

Vielleicht ist es schwer. Vielleicht tut es weh. Aber es wird heilsam sein und Erleichterung mit sich bringen. Außerdem verhindern Sie dadurch möglicherweise, dass Sie an Ihrem Lebensende etwas bedauern, denn Sie lassen nicht zu, dass der Schmerz Ihr ganzes Leben dominiert. Sie müssen sich von Ihrem Ego lösen, verzeihen können und Mitgefühl haben. Vor allem müssen Sie sich dafür entscheiden.

Wie bei einem Hund, der mit dem Schwanz wedelt und sich danach sehnt, an einen warmen und gemütlichen Platz in liebevoller Umgebung zurückkehren zu dürfen, kann auch die Entscheidung, andere hereinzulassen, Erleichterung und Dankbarkeit auslösen – wie sehr, das können wir uns vorher oft gar nicht vorstellen. Wenn *Sie* dann gemütlich am Kamin sitzen und die Geborgenheit des Einfachen und des Friedens genießen, fühlt sich das Leben mit einem Mal gar nicht mehr so kompliziert an.

Lassen Sie andere herein. Es ist an der Zeit, alte Wunden zu heilen.

28   Großartigkeit

Vor einiger Zeit habe ich die Leser meiner Facebook-Seite gebeten, mir ein paar ihrer Lieblingswörter zu verraten. Natürlich bot eine dermaßen allgemein formulierte Frage eine Steilvorlage für halbseidene Antworten, die auch prompt eintrafen. Die Wonnen des Social Networking!

Im Großen und Ganzen waren die Reaktionen jedoch fantastisch, und ich musste oft lächeln, als ich diese inspirierende Liste durchging. Einige Menschen nannten Wörter, deren Klang sie besonders gern mochten, wie zum Beispiel *bumblebee* (Hummel), und ich muss ihnen absolut Recht geben. Die meisten schrieben über Wörter und Begriffe, die ihnen etwas bedeuteten, etwa *atmen, Humor, märchenhaft, Freundlichkeit, Sonnenschein* und *glauben*.

Als ich anfing, Songs zu schreiben, wurde mir eines Tages Folgendes bewusst: Wenn man nur ein Wort ändert oder ersetzt, kann man die Stimmung eines ganzen Liedes verändern. So groß ist die Macht der Wörter, egal, ob sie einzeln auftreten oder zu Sätzen und Gesprächen zusammengefügt werden.

Einige Wörter lagen mir zu unterschiedlichen Zeiten besonders am Herzen, wie zum Beispiel *Freude* oder *gesel-*

lig. Momentan lautet mein Lieblingswort *Tochter*, was wenig überraschen dürfte. Ein anderes Wort, das ich lange Zeit besonders mochte und das in letzter Zeit immer öfter benutzt wird und immer mehr Bedeutung erlangt, ist Großartigkeit.

Großartigkeit handelt nicht von Gebäuden oder anderen menschengemachten Strukturen, obwohl es das natürlich tun kann, wenn Sie wollen. Großartigkeit handelt von Ihrem wahren Selbst, von dem authentischen Kern Ihres Seins, Ihrem größtmöglichen Potenzial, das sich entfaltet, wenn Sie alles, was Sie zurückhält, beiseiteschieben. Großartigkeit meint den Menschen, der Sie wirklich sind, wenn Sie sich trauen, der zu sein, der Sie in Wahrheit sind. Es kommt uns vielleicht verrückt vor, dass hierin die eigentliche Arbeit unseres Lebens liegt, nämlich wir selbst zu sein, und zwar auf allen Ebenen, ohne dass uns die Erwartungen anderer Menschen oder unser eigenes Urteil daran hindern. Aber darin liegt tatsächlich die eigentliche Arbeit, und hier wartet der wahre Lohn auf uns.

Warum jedoch schüchtert uns die eigene Großartigkeit so sehr ein? Warum wird Ihr Wunsch, das Leben so zu leben, wie Sie es sich erträumen, oder Ihrem Herzen zu folgen oder das Leben schlichtweg zu genießen, zwangsläufig von Angst oder Schuldgefühlen begleitet? Nur weil Sie das zulassen. Trauen Sie sich zu, rundum glücklich zu sein, ohne anderen Rechenschaft zu geben und ohne auf deren Verständnis zu zählen? Ja! Unbedingt! Dann fangen Sie damit an, sich selbst zu *erlauben*, die Dinge zu tun, auf die Sie Lust haben, und lassen Sie Ihre Großartigkeit in der Freude, die sich daraufhin einstellt, hindurchscheinen.

Gott will, dass Sie glücklich sind, dass Sie das Leben feiern und um Ihre eigene Großartigkeit wissen. Wenn die Lektionen, die Sie bislang angezogen haben, dem zu widersprechen scheinen, dann suchen Sie nach verborgenen positiven

Aspekten. Das große Ganze enthält immer Geschenke; sie sind in jeder Prüfung enthalten. Sie werden geliebt. Jede Herausforderung bietet die Chance, zu Ihrer eigenen Großartigkeit zurückzufinden, dem Ruf Ihres Herzens zu folgen und authentischer glücklich zu sein.

Ihre eigentliche Aufgabe ist es, das Leben zu genießen – ohne Schuldgefühle, Verurteilung oder Rechtfertigung. Sie dürfen großartig, froh und glückselig sein.

Seien Sie ganz gegenwärtig und schauen Sie, wohin das Leben Sie führt, statt zu versuchen, jeden Schritt Ihrer Reise zu kontrollieren. Lächeln Sie und offenbaren Sie sich auch *sich selbst* gegenüber jeden Tag auf immer wieder neue Weise, statt ein festes Bild von sich zu haben, das Sie sich selbst und der Welt präsentieren.

Sie dürfen sich verändern. Sie dürfen loslassen.

Großartig. Genau das sind Sie, wenn Sie sich von Ihren eigenen Bewertungen freimachen. Das sind Sie auch, wenn Sie sich von den Erwartungen anderer Menschen freimachen. Und das sind Sie im tiefsten Innern Ihres Seins. *Sie sind bereits großartig.* Es ist Zeit, ebendies auf freudige Weise zu bekunden – sich selbst und der Welt gegenüber.

Geben Sie Ihrer Großartigkeit den Raum, sich zu entfalten.

29 Meditation

Ich sitze in einem abgedunkelten Zimmer, alles, was außerhalb meines Körpers vor sich geht, ist vollkommen ausgeblendet, und mein Geist erkundet neue innere Orte. Das zählt zu den Wundern des Meditierens – wenn wir komplett loslassen, entdeckt der Geist eine weitere Ebene seiner selbst, einen Ort von unglaublicher Schönheit, frei von jeglicher Geschäftigkeit und Denken.

Als ich irgendwann den Zugang zur Meditation fand, war das ein echter Segen. Über Jahre hinweg hatte ich Bücher darüber gelesen und hin und wieder versucht, auf der Basis meiner Lektüre zu meditieren. Ich stieß auch auf ein paar gute Anleitungen zur Meditation, erst waren das Kassetten, später dann CDs. Doch obwohl ich es ehrlich lernen wollte, glaubte ich während all dieser Jahre nicht wirklich, dass es mir gelingen würde, meinen Geist zu beherrschen. Stattdessen genoss ich die kurze Unterbrechung, die mir die Meditationen gewährten, und nutzte sie, um mich zu entspannen, Affirmationen auszusenden oder Wünsche zu manifestieren.

Der Gedanke, dass man den Geist tatsächlich trainieren könne, lockte mich nach wie vor; es war wie ein exotisches Land, von dem ich dachte, dass es existierte, aber niemals glaubte, ich würde selbst einmal dorthin reisen. Dennoch zog mich das Meditieren weiter an, ja, es zog mich nach vorn. Es war ein Magnet mit einer langsamen subtilen Anziehungskraft, der mich nachhause und zu mir selbst zog, bis ich eines Tages in einem großen Raum in den Bergen saß. Dort versuchte ich, meditieren zu lernen, indem ich unter höllischen Schmerzen in einer Sitzposition ausharrte; um mich herum saßen ungefähr hundert Leute, die sich genau wie ich zu zehn Tagen Schweigen verpflichtet hatten.

Vipassana-Meditation hat mich schon immer fasziniert. Mangels besseren Wissens rührte diese Faszination vor allem daher, dass es mich reizte, einmal auszuprobieren, wie es ist, wenn man zehn Tage lang nicht spricht. Damals ahnte ich noch nicht, wie viel mir die Stille einmal bedeuten würde, und dass diese Methode ganz entscheidend dazu beitragen würde, jene Heilung in Gang zu setzen, derer ich so dringend bedurfte.

Als ich meinen ersten zehntägigen Kurs beendet hatte (wobei ich damals wohl eher davon gesprochen hätte, dass ich ihn »überlebt« hatte), dachte ich: »Das war alles schön und gut, aber das werde ich mir *nie wieder* antun.« Und das dachte ich tatsächlich. Als ich nachhause fuhr, war ich für die Erfahrung dankbar, aber ich hatte nicht die Absicht, *je* dorthin zurückzukehren. Doch nach einem Jahr, und zwar fast auf den Tag genau, saß ich wieder in jener Halle; wieder bereitete mir das Sitzen qualvolle Schmerzen, und ich fragte mich, wie um alles in der Welt es dazu kommen konnte, dass ich abermals dort saß.

Einige Monate später diente ich bei einem der Kurse als Helferin. Das Zentrum wird von Freiwilligen betrieben, alles ehemalige Kursteilnehmer, also jeder, der zumindest einmal an einem Kurs teilgenommen hat. Während jener zehn Tage, in denen ich dort aushalf, wurde mir klar, dass Vipassana für mich genau der richtige Weg ist und dass die Methode mir bereits geholfen hatte, Zugang zu jenen Werkzeugen zu finden, nach denen ich gesucht hatte, um meinen Geist zur Ruhe zu bringen. Und ich wollte mehr. In den folgenden Jahren verbrachte ich viel Zeit damit, selbst an den Sitzmeditationen in Schweigen teilzunehmen oder bei anderen Kursen als Helferin für die Teilnehmer da zu sein. Doch auch wenn ich nicht im Zentrum bin, ist die Meditation zu einem unverzichtbaren Teil meines Lebens, meines Alltags geworden.

Es gibt viele großartige Meditationsstile, und jeder muss den finden, der für ihn der richtige ist. Wer auf der Suche ist, wird durch Wegweiser auf den richtigen Pfad geleitet. Viele Anfänger lassen sich vom Meditieren dadurch abhalten, dass sie nach einem oder zwei Versuchen aufgeben, weil sie glauben, dass sie niemals in der Lage sein werden, ihren Geist zur Ruhe zu bringen, dass ihr Geist schlichtweg zu unruhig ist und sich nicht schulen lässt. Das dachte ich früher auch.

Übung, Engagement und Durchhaltevermögen helfen einem aber tatsächlich weiter. Als ich beispielsweise das erste Mal eine Gitarre in die Hand nahm, war ich dermaßen enttäuscht, dass ich nicht auf Anhieb spielen konnte, dass ich sie nahezu zehn Jahre lang nicht anrührte. Trotzdem rief sie immer wieder nach mir, und irgendwann sah ich ein, dass Gitarrespielen für mich eine lebenslange Entdeckungsreise sein würde, eine Reise, für die ich schließlich bereit war und die ich nun genießen konnte. Genauso ist es mit dem Meditieren. Genauso ist es, ein Mensch zu sein. Es ist eine Reise.

Wenn wir uns darauf einlassen, unseren Geist zu beherrschen, widersetzt sich dieser anfangs mit ungeheurer Kraft. Schließlich waren Geist und Ego in Ihrem Leben bislang die unangefochtenen Könige. Sie treten keineswegs einfach ab, nur weil Ihr Herz und Ihre Seele nun die Macht übernehmen wollen. Um jene wahrhaftigsten Orte Ihres Selbst zu berühren – was jeweils nur für ganz kurze Augenblicke möglich ist –, brauchen Sie Konzentration und Kraft. Es ist eine Lebensaufgabe.

Doch wie bei jeder Herausforderung, der man sich stellt, kommt es manchmal auch zu einer ganz unverhofften Belohnung: Vielleicht bemerken Sie, dass Sie eine bewusstere Entscheidung getroffen haben als in den Tagen davor, oder Sie »ertappen« sich dabei, dass Sie positivere Gedanken haben oder alte Gewohnheiten durchbrechen. Irgendwann werden Sie feststellen, dass Sie auf ganz natürliche Weise viel bewusster handeln. Das kommt vom Meditieren; Sie haben gelernt, sich Ihren Geist zu eigen zu machen.

Wenn Sie schon mal in Erwägung gezogen haben zu meditieren oder wenn Sie es sogar bereits ausprobiert haben, es aber zunächst zu schwierig für Sie war, dann bitte ich Sie: Denken Sie daran, dass der Weg der Meditation – ebenso wie der Weg des Künstlers, des Musikers oder die Aufgabe, ein Mensch zu sein – ein Leben lang dauert. Er geht immer weiter.

Manchmal kommen Sie gut voran. Dann wieder wird es Zeiten geben, in denen Sie das Gefühl haben, dass das alles zu nichts führt. Machen Sie also eine Pause, wenn Ihnen danach ist, und schreiten Sie weiter auf Ihrem Weg, wenn Sie wieder dazu bereit sind. Seien Sie gut zu sich selbst. Es ist kein Wettlauf. Es gibt keinen Zeitdruck. Je früher Sie allerdings zu Ihrer Reise aufbrechen, desto eher können Sie die Wonnen genießen, die sie Ihnen beschert.

Man muss einfach anfangen, den ersten Schritt tun, dann den nächsten und noch einen.

Falls Sie mit dem Gedanken gespielt haben, etwas Neues in Angriff zu nehmen – worauf warten Sie noch? *Jetzt* ist der ideale Zeitpunkt, um zu einer neuen Reise aufzubrechen. Wenn nicht jetzt, wann dann?

30   Auf der Welt

Obwohl ich nicht mehr so eng mit der Musikszene verbandelt bin wie früher – was daran liegt, dass sich mein Lebensstil etwas verändert hat und ich beruflich einen anderen Schwerpunkt setze –, genieße ich es nach wie vor sehr, mich mit befreundeten Musikern zu treffen, die auf der Durchreise sind. Das habe ich in den letzten zehn Tagen bei einem Musikfestival hier in der Nähe ausgiebig getan.

Einer davon hat eine tolle Show hingelegt, und begeistert lauschten wir seinen wunderbaren Songs. Er und ich waren nie besonders eng, aber es macht uns Spaß, uns gegenseitig auf den neuesten Stand zu bringen, wenn sich unsere Wege kreuzen. Mitunter haben wir gemeinsam zu Mittag gegessen oder eine Tasse Tee getrunken, aber in der Regel plaudern wir einfach am Rande der Musikveranstaltungen.

Während er sang, dachte ich voller Zuneigung über unsere Verbindung nach. Mir wurde bewusst, dass keiner von uns beiden das dringende Bedürfnis verspürt, stärker am Leben des anderen teilzuhaben, aber dass ich es dennoch ganz wunderbar finde, dass er auf der Welt ist. Und das sagte ich ihm auch, als wir uns voneinander verabschiedeten.

Ich dachte an andere Menschen, mit denen es mir ähnlich geht – Menschen, die ich nicht oft sehe, aber für die ich Zuneigung und Respekt empfinde und Freude, wenn wir uns zufällig treffen, und von denen ich weiß, dass es ihnen umgekehrt genauso geht.

Zu wissen, dass diese Menschen auf der Welt sind, macht mich froh. Es gibt so viele bezaubernde Menschen, die ich im Laufe der Jahre kurz kennengelernt habe, und es stimmt mich froh, wenn ich an sie denke, wie sie ihr eigenes Leben leben. Allein der Gedanke, dass es sie irgendwo da draußen gibt, wärmt mein Herz, und ich kann gar nicht anders, als heitere Gedanken in ihre Richtung zu senden.

An die konkreten Dinge, die unser Leben unmittelbar beeinflussen, fällt es uns leicht, nebenbei zu denken. Wenn wir an andere gute Seelen denken, dann öffnet sich unser Herz mehr und schenkt uns stille Freude. Sie müssen nicht regelmäßig telefonieren oder E-Mails miteinander austauschen. Sie müssen sie auch nicht regelmäßig treffen. Vielleicht sehen Sie einige davon nie wieder. Und doch sind sie da, irgendwo da draußen, und bereichern diesen wunderbaren Verbund, der sich Menschheit nennt. Daran zu denken gibt uns Mut. Es hilft uns, dass wir uns stärker mit allem um uns herum verbunden fühlen.

Mitunter werden wir von den Medien mit sehr vielen schlechten Nachrichten bombardiert. (Warum nur lösen schlechte Nachrichten immer eine solche Sensationsgier aus?, frage ich mich.) Aber allein der Gedanke daran, dass es daneben noch unzählige anständige Menschen da draußen gibt – Menschen, die Sie vielleicht vor Jahren einmal kurz kennengelernt haben, oder Menschen, von denen Sie nur gehört haben –, bringt Sie wieder stärker in Kontakt mit den guten Seiten des Lebens.

Zudem erfüllt es mich mit Freude zu wissen, dass es Menschen auf der Welt gibt, die sich für meine Arbeit interessieren (sei es, dass sie meine Bücher oder meine Artikel lesen oder sich meine Songs anhören). Wenn Ihnen meine Botschaft etwas bedeutet, dann sind Sie in der einen oder anderen Hinsicht eine gleichgesinnte Seele. Ich bin so froh, dass Sie da sind – dass Sie auf der Welt sind.

Danke, dass Sie zu diesem wunderbaren Schmelztiegel der Menschheit dazugehören! Die Welt ist schöner dadurch.

31 Schritt für Schritt

Meine alte Nana, die Mutter meines Vaters, war eine winzige Frau mit einem starken Charakter. (Meine Großmütter waren beide winzig, jeweils nicht größer als ein Meter fünfzig.) Nana lebte in einem heruntergekommenen alten Haus, das am Ende einer zugewucherten Straße lag. An jene Zeit in meiner Kindheit habe ich nur wenige Erinnerungen.

Wir durften nie auch nur einen Krümel auf unserem Teller übrig lassen – wir mussten ihn ganz sauber ablecken; im Vorgarten stand ein Avocadobaum; Nana hatte immer selbst gemachte Bonbons neben ihrem Bett; und eine alte ausgetretene Treppe aus Sandstein führte zu ihrer Haustür. Die Stufen waren uneben, aber ich mochte sie sehr, waren sie doch Jahrzehnte zuvor aus dem Fels gehauen worden. Für mich als Kind waren sie gerade wegen ihrer Unvollkommenheit vollkommen. Entlang des Wegs, der zu der Treppe führte, verlief eine Mauer aus Sandstein, die viel, viel höher als ich zu sein schien, wobei sie vielleicht nicht höher war als ein Meter zwanzig oder ein Meter fünfzig.

Obwohl es vermutlich insgesamt nur zehn Stufen waren, kam es mir immer wie ein langer, geheimnisvoller Aufstieg vor, da ich von unten nie über den obersten Absatz hinausblicken konnte. Was dahinterlag, hätte meiner kindlichen Vorstellung nach jedes Mal etwas anderes sein können. Einem Besuch in Nanas klapprigem altem Haus haftete jedenfalls immer etwas Geheimnisvolles und Überraschendes an.

Auch bei Schritten, die wir als Erwachsene unternehmen, können wir nicht immer sehen, wo sie hinführen. Manchmal wirkt der Weg zunächst klar, so dass man ganz zuversichtlich voranschreitet. Aber woher weiß man, dass es unterwegs zu keiner unangenehmen Überraschung kommt, was schließlich selbst bei einem Weg, der so einfach und klar aussieht, möglich wäre?

Einen Fuß vor den anderen setzen, das ist die einzige Weise, wie wir vorankommen. Solange Sie den Mut finden, unverdrossen den jeweils anstehenden Schritt zu tun, selbst wenn Sie die weiteren Schritte noch nicht absehen können, bewegen Sie sich in die richtige Richtung. Das erfordert Beherztheit und Glauben, aber es lässt auch Platz für Flexibilität, schöne Überraschungen und ein kleines bisschen Spannung.

Immer eins nach dem anderen tun erlaubt Ihnen, stärker im Augenblick zu sein. Sie werden offener gegenüber Chancen und Gelegenheiten, die sich unterwegs auftun, statt mit dem Kopf voran auf ein Ziel loszustürmen und dabei hilfreiche Stationen zu verpassen.

Vielleicht macht der Weg hier und da einen Schlenker, doch Flexibilität kann durchaus Spaß machen. Wenn es Ihnen gelingt, darauf zu verzichten, jeden Schritt zu kontrollieren, stellt sich Freiheit ein. Sich den Dingen zu überlassen ist keineswegs ein Nachteil. Es liegt darin vielmehr etwas Kühnes, Positives. Für gewöhnlich ist es eher das starre Beharren auf Kontrolle jedes einzelnen Schritts ohne die geringste Offenheit gegenüber schönen Überraschungen, das uns zum Nachteil gereicht.

Flexibilität und Glaube gehen Hand in Hand, wenn sich Träume manifestieren. Der Glaube sorgt dafür, dass der Traum und die Vision stark bleiben. Flexibilität lässt Raum für positive Überraschungen. Wenn wir den Mut für diese Art des Reisens haben, ziehen wir unerwartete Belohnungen an.

Die Reise beginnt mit einem einzigen Schritt. Dann folgt der nächste. Und noch einer. Wenn wir mutig und voller Vertrauen sind, müssen wir nicht wissen, was in der Ferne liegt; es genügt zu wissen, dass dieser Weg den Melodien folgt, die aus Ihrem Herzen strömen.

Mancher Weg wird dadurch versperrt oder – was noch schlimmer ist – nicht einmal in Angriff genommen, weil wir zu weit vorausgedacht haben. Tun Sie also nur den ersten Schritt, dann den nächsten, und lassen Sie zu, dass sich die Kreativität der Reise auf die bestmögliche Weise von selbst entfaltet.

Mögen Ihre Augen und Ihr Herz so offen sein, dass Sie jeden Schritt dieses wunderbaren, geheimnisvollen Wegs, auf dem Sie wandeln, genießen.

Möge Ihre Reise gesegnet sein, Schritt für Schritt.

32 Es ist erlaubt

Schon früh entwickelte ich eine Vorliebe für lange Wanderungen. Das Leben auf dem Land bietet einem Kind viel Freiheit. Man kann überall herumlaufen und herumrennen, unbeeinträchtigt vom Verkehr oder sonstigen Gefahren. Seither liebe ich Spaziergänge, Wanderungen sowie Offenheit und Weite.

Als junger Teenager zog ich eines Nachmittags quer über die Felder los. Irgendwann beschloss ich, eine Freundin zu besuchen, und schlug eine andere Richtung ein. Es war eine Gegend mit viel Landwirtschaft; riesige Gummibäume säumten die Feldwege. Meine Freundin lebte ein paar Farmen weiter, ungefähr einen halbstündigen Fußmarsch entfernt, und ich machte mich fröhlich und unbekümmert auf den Weg.

Als ich einige Stunden später wieder nachhause kam, war meine Mutter außer sich. Sie hatten überall nach mir gesucht, waren unsere Koppeln und die umliegenden Straßen abgefahren, hatten alles abgesucht. Ich musste doch um Erlaubnis bitten, wenn ich die Farm verlassen wollte! Daran hatte mein fröhliches Teenager-Ich keine Sekunde lang gedacht. Ich hatte einfach eine Entscheidung gefällt und entsprechend gehandelt. Allerdings leuchtete es mir ein, dass ich um Erlaubnis fragen musste, damit meine Mutter sich nicht unnötig sorgte. In Zukunft hielt ich mich daran, aber es war einer der Gründe, weshalb ich mich darauf freute, später einmal so frei zu leben, dass ich niemanden um Erlaubnis bitten müsste.

Natürlich ist es nur zu unserem eigenen Schutz, dass Eltern solche Regeln aufstellen. Aber alle Kinder träumen irgendwann von der Freiheit – davon, eigene Entscheidungen zu fällen und nicht mehr auf die Erwachsenen hören zu müssen. Und irgendwann ist man dann selbst erwachsen und tatsächlich frei. Man muss niemanden mehr um Erlaubnis fragen, wenn man etwas tun möchte.

Doch was ist, wenn sich eine solche Freiheit dann als furchteinflößend entpuppt? An einige Freiheiten gewöhnt man sich natürlich leichter und kann sie besser genießen als andere. Anfänglich finden Sie möglicherweise das Erwachsenenleben und den Gedanken daran, ohne irgendwelche Einschränkungen durch andere zu leben, himmlisch. Allerdings gibt es oft noch Grenzen, die Sie sich unbewusst selbst setzen. Dann tauchen Sie tiefer in die Welt der Erwachsenen ein, und weitere Einflüsse und Meinungen anderer wirken auf Sie ein. Im Laufe der Zeit kommen diese selbst auferlegten Begrenzungen dann möglicherweise wieder zum Vorschein und nehmen zu.

Während Sie auf Ihre Träume hinwirken und sich in sie hineinfühlen, werden jene Begrenzungen verhindern, dass Ihre Träume sich ungehindert entfalten können. Und Letztere werden so lange blockiert bleiben, bis Sie erkennen, was das für Einschränkungen sind. Die Träume sind da und warten darauf, in Ihr Leben einzutreten, aber dafür brauchen sie die Erlaubnis. Im Klartext bedeutet das: *Sie müssen sich selbst die Erlaubnis geben, Ihre Träume anzunehmen.*

Träume lassen sich erstaunlich leicht durch Ängste sabotieren. Statt seine Energie darauf zu richten, wie wundervoll es ist, wenn sich Träume erfüllen, und statt die Freude darüber auszukosten, kommen unbewusste Ängste aus der Kindheit hoch. Dadurch senken Sie Ihre Erwartungen, und die Träume rücken wieder weiter in die Ferne. Vielleicht geschieht das aus Angst vor der Reaktion der anderen, wenn Sie endlich bekommen, was Sie sich wünschen. Oder vielleicht wissen Sie selbst gar nicht, wie Sie es zulassen sollen.

Aber Sie sollten sich bei Dingen, nach denen das Herz sich sehnt, stets im Klaren sein: *Das, wonach Sie streben, strebt auch zu Ihnen.* Es will Teil Ihres Lebens sein. Es will Ihnen dabei helfen, jener freudvolle Mensch zu werden, dessen Anlagen Sie in sich tragen und der Sie sein können. Es möchte, dass Sie wissen, wie wunderbar Sie sind.

So wie es im Leben Phasen gibt, in denen das Maß an Traurigkeit und Herausforderungen voll ist und Sie wissen, dass Sie wirklich nicht mehr ertragen können, so kann auch das Glück an eine innere Grenze stoßen. Diese Grenze müssen Sie abschaffen, damit Sie Ihren Traum wirklich zu sich einladen können. Wenn Sie eine solche Hürde entdecken, setzen Sie sich weniger unter Druck. Lassen Sie Verletzlichkeit zu. Bitten Sie um Hilfe. Beten Sie.

Man kann nicht jeden Tag stark sein. Geben Sie einfach zu, dass Sie gerade nicht wissen, wie Sie sich selbst diese Erlaubnis erteilen können; das löst bereits Energien, die blockiert waren. Bitten Sie Ihre Engel um Anleitung und gewähren Sie sich etwas Ruhe und Zeit, ohne jeglichen Druck. Solche Momente sind lebensnotwendig und gesund. Sie verbinden Sie wieder mit Ihrem inneren Ort der Weisheit und schenken Ihnen letztendlich wieder natürliche Kraft.

Wenn Sie von Ihrem Widerstand ablassen und zugeben, dass Sie Hilfe brauchen, öffnen Sie sich dafür, etwas zu empfangen. Sie beginnen dann tatsächlich, sich die Erlaubnis zu erteilen, auch wenn Sie denken, Sie wüssten nicht, wie das gehen soll. Es ist ausgesprochen tapfer zuzugeben, dass selbst errichtete Schranken der Grund sind, weshalb Ihre Träume noch nicht wahr geworden sind. Eine solche Verletzlichkeit ermöglicht Ihnen nicht nur mehr Öffnung, sondern ebnet auch den Weg für Ihre Träume.

Sie verdienen Erlaubnis – die Erlaubnis, die Sie sich selbst geben. Es ist keine Sünde, das zu wollen, wonach Ihr Herz sich sehnt. Und es ist auch keine Sünde, sich ein leichteres Leben zu wünschen. Nach Glück zu streben ist ebenfalls keine Sünde. Das Glück will Sie genauso sehr, wie Sie das Glück wollen.

Alles, worauf Ihre Träume warten, ist, dass Sie an jenen inneren Punkt kommen, an dem Sie lächeln und ebenso mutig wie verletzlich sagen: »Es ist erlaubt.«

33 Die Macht der Entscheidung

Wir alle verfügen über die Macht der Entscheidung. Das Leben steckt voller Entscheidungen, und wir gestalten unser Leben täglich neu durch unzählige Dinge, die wir beschließen. Einige dieser Entscheidungen treffen wir bewusst. Die meisten geschehen jedoch unbewusst.

Durch bewusste Entscheidungen sorgen Sie in Ihrem Leben für Gelassenheit und Balance. Unbewusstes Verhalten hingegen ist viel stärkeren Schwankungen ausgesetzt, und Sie werden dadurch mit allen möglichen Dingen konfrontiert, die eine Art Prüfung darstellen.

Natürlich können Sie versuchen, sich um Entscheidungen oder Veränderungen herumzudrücken. Aber das Leben wird Sie dennoch zwingen weiterzugehen. Nichts bleibt so, wie es ist. Und erzwungene Veränderungen vollziehen sich selten auf elegante Weise. Manchmal fühlt man sich im Nachhinein so, als habe man keine Wahl gehabt. Aber wenn man zuvor einer Entscheidung aus dem Weg gegangen war, dann war auch das eine Entscheidung.

Inneres Wachstum ist Teil des Lebens, ein Vorgang, der

Sie wieder mit Ihrer Seele in Verbindung bringt. Es liegt an Ihnen, wie Sie darauf reagieren, wenn eine Ihrer Entscheidungen Sie vor Herausforderungen stellt; Sie können Ihr Verhalten ändern, Sie können die Dinge ruhiger fließen lassen und dem Glück mehr Raum geben.

Wenn wir beschließen anzuerkennen, dass in Zeiten, in denen es uns schlecht geht, große Chancen für unser Wachstum liegen, dann schmälert das bereits den Schmerz. Natürlich hofft man in der Regel, dass das Gewitter möglichst bald vorüberzieht, aber man kann auch beschließen, es sich selbst leichter zu machen, indem man nach den guten Dingen Ausschau hält, die das Gewitter mit sich bringt. Wenn dann die Sonne wieder zum Vorschein kommt, sind Sie gestärkt, erneuert und mehr mit sich im Einklang.

Kein Mensch behauptet, dass es leicht ist, Entscheidungen zu treffen. Aber es ist auch nicht leicht zu ignorieren, wonach das Herz sich sehnt. Wenn wir wirklich auf unser Herz hören, setzt das Wachstum nicht aus; ein wenig Licht wird sich zwischendurch immer einen Weg bahnen und den Pfad erleuchten.

Unabhängig davon, welche Entscheidung bei Ihnen ansteht – meistens ist es Angst, die Sie zurückhält. Vielleicht ist es die Angst davor, was andere von Ihnen denken könnten, etwa dass Sie die Erwartungen anderer enttäuschen oder Angst vor deren Reaktion haben. Vielleicht ist es die Angst vor dem Unbekannten oder auch Versagensangst. Merkwürdigerweise ist eine der größten Ängste überhaupt die Angst vor dem Erfolg.

Was ist Erfolg? Echter Erfolg bietet Ihnen die Möglichkeit, Ihre Zeit mit Dingen zu verbringen, die Ihnen Spaß machen – sei es allein oder zusammen mit anderen Menschen, die Sie mögen und schätzen. Erfolg heißt zu wissen, dass Ihr Herz glücklich ist und dass es für die Welt gut ist, dass es Sie gibt, ganz egal, wie unbedeutend sich Ihr Beitrag anfühlen mag. Es gibt keinen Grund, vor einem solchen Leben Angst zu haben!

Also gut, man muss mit den Entscheidungen leben, die man trifft. Was also wünschen Sie sich? Was genau sagt Ihr Herz wirklich? Hindert Angst Sie daran, die Stimme Ihres Herzens zu hören? Was ist Ihr größter Traum, und was hindert Sie daran, sich diesen Traum zu erfüllen? Ist es Geld, Zeit oder Angst, denn Angst kann ebenfalls für zu wenig Zeit oder Geld stehen – die Angst davor, die Tretmühle zu verlassen, Angst vor Mangel oder die Angst davor, einen neuen Zugang zum Leben zu finden, zu lernen, es aus einer neuen Perspektive zu betrachten?

Sie können lernen, das, was Sie brauchen, zu sich heranzuziehen, indem Sie entweder mehr darüber in Erfahrung bringen oder kreativere Lösungen finden oder indem Sie beschließen, Ihre Ängste durch Vertrauen zu ersetzen; dafür müssen Sie sich Ihren Ängsten stellen und werden sie somit im Laufe der Zeit zum Verschwinden bringen. Das Beste ist: Sie können alle diese Wege gehen.

Sie haben die Wahl, ob Sie sich Ihren Ängsten stellen und sie überwinden wollen – wie auch immer sie aussehen mögen. Sie haben die Wahl, Ihre Träume zu leben, wie auch immer sie aussehen mögen. Sie haben die Wahl, und das Leben segnet den Tätigen.

Was sagt Ihr Herz?

Die Entscheidung liegt bei Ihnen.

34 Regen, Regen und nochmals Regen

Obwohl ich die meiste Zeit meiner Kindheit in dem gleichen Landstrich verbracht habe, bin ich mit sehr unterschiedlichen Wetterlagen aufgewachsen.

Nahezu jeden Sommer trat das Wasser des Goonoo Goonoo (ausgesprochen: Ganni Ganu) über die Ufer und überflutete die Äcker und Felder bis vor unsere Haustür. Wenn wir die Sandsäcke nicht schnell genug verlegten, stand unser Haus unter Wasser. Zum Glück wurden wir in der Regel von den Farmern flussaufwärts gewarnt, wenn eine Flutwelle heranrollte.

Meistens evakuierten meine Eltern uns so lange, bis das Wasser wieder zurückging. Die Lokalzeitung veröffentlichte immer wieder mal Fotos von uns Kindern, wie wir auf einem Trecker saßen und über die Wassermengen hinweg in Sicherheit gebracht wurden.

Die nächste Farm, auf der wir lebten, hatte mit einer enormen Dürre zu kämpfen, die fast zehn Jahre anhielt. Während unsere Schulkameraden mit ihren Familien an den Strand fuhren, verbrachten wir unsere Ferien in der sengenden Hitze auf Pferden und hüteten Schafe, die sich an den Straßenrändern satt fraßen. Auf unseren eigenen Feldern gab es für sie nicht mehr genug Futter.

Die Staubecken trockneten aus, und der Wasserspiegel im Brunnen stand so niedrig, dass die Windmühle kein Wasser mehr pumpte. Wir mussten einen Wassereimer nach dem anderen an einem Seil hochziehen, um die Tränke aufzufüllen. Allerdings waren wir für die Tiere zu langsam. Sie hatten das Wasser bereits getrunken, bevor wir den nächsten Eimer brachten. Es war eine furchtbar langwierige Prozedur.

Schließlich mussten wir Wasser per Lastwagen heranschaffen. Damals schleppte man uns auch in die Kirche, in der spezielle Gottesdienste für die ländlichen Gemeinden abgehalten wurden und in denen wir für Regen beteten. Meine Jugend kam mir manchmal wie eine einzige lange und langweilige Arbeitsschicht vor.

Natürlich findet man es als Kind besser, hoch oben auf einem Trecker durch Wasserfluten zu fahren, als in den Ferien Brote mit Peanutbutter zu essen und grünen Sirup zu trinken, auf einem Pferd sitzend und sich mit Fliegen ums Mittagessen streitend.

Die Folge davon ist, dass ich Regen leidenschaftlich liebe. Als ich eine Zeitlang in den Tropen lebte, war das für mich der Himmel auf Erden, denn monatelang regnete es dort jeden Tag heftig. Ich wurde seiner nie überdrüssig. Regen ist wirklich eines der Dinge, für die ich in meinem Leben besonders dankbar bin.

Man muss freilich keine Dürre erlebt haben, um Regen zu schätzen. Er ist ein Geschenk an uns alle, eine Lebenskraft, die wir brauchen. Regen verdient Dankbarkeit, statt dass man sich darüber beschwert. Es ist ein wahres Geschenk, dass wir Zugriff auf sauberes Wasser haben. Als Westler haben wir es sehr gut. Schauen Sie sich die Menschen anderswo an –

wie schwer es für sie ist, an eine so simple Sache wie einen Schluck sauberes, gesundes Trinkwasser zu kommen. Das gesamte Leben vieler Menschen dreht sich ums bloße Überleben, darum, genug zu essen und zu trinken zu bekommen, um den Tag zu überleben. Jeden einzelnen Tag.

Bevor Sie sich also das nächste Mal über Regen beschweren oder auch für den Fall, dass Sie den Mäkeleien von jemand anders entgegentreten wollen, sollten Sie sich die folgenden Punkte einmal durch den Kopf gehen lassen:

Kein Regen bedeutet:

1. Wir hätten Durst. Alles, was wir trinken, basiert auf Wasser.

2. Wir würden schlecht riechen. Wenn es keine Duschen oder kein Wasser gäbe, in dem wir schwimmen könnten, würden unsere Nasen schon nach kurzer Zeit einiges aushalten müssen.

3. Wir würden uns in der Sonne schwer verbrennen. Kein Regen bedeutet, dass keine Bäume wachsen. Keine Bäume bedeuten keinerlei Schutz. Selbst für Lehmhütten braucht man etwas Flüssigkeit.

4. Es gäbe keine Blumen. Was wäre das für eine Welt, in der so etwas Schönes fehlt? Mich fröstelt bei dem Gedanken an ein Leben ohne diese kleinen Farbküsse.

5. Wir wären alle ziemlich still. Ohne etwas zu trinken, würden unsere Münder austrocknen und keinen Speichel mehr produzieren. Man würde sich mit Sicherheit weniger unterhalten, wenn es keinen flüssigen Ersatz gäbe.

6. Wir hätten Hunger. Kein Regen bedeutet kein Gemüse oder andere gesunde, köstliche Nahrung. Für Fleischesser hieße das wiederum, dass es kein Getreide gäbe, um die Tiere zu füttern, und ohne Wasser könnten diese ohnehin nicht überleben.

7. Wir hätten keine Ausrede mehr, um einfach mal zuhause zu bleiben. Regentage sind für viele Menschen der Anlass, um sich dies zu gestatten.

8. Wir würden einen höchst unerfreulichen Anblick bieten. Da unser Körper zum Großteil aus Wasser besteht, würden wir, sofern es keinen Ersatz gäbe, recht bald verschrumpeln – falls wir überhaupt lange genug überleben würden, was natürlich nicht der Fall wäre. Aber wenn wir es doch täten, dann sähen wir aus wie Trockenpflaumen. Nicht dass es dann noch Trockenpflaumen gäbe, mit denen wir uns vergleichen könnten. Kein Regen, keine Trockenpflaumen.

9. Es gäbe keine Regenbogen, und das wäre einer der größten Verluste überhaupt. Wie kann uns der Himmel sein magisches Farbspektrum zeigen und uns neue Hoffnung schenken, wenn kein Wasser fällt?

10. Wir wären tot, ganz einfach, und zwar nach sehr kurzer Zeit.

Lassen Sie uns an regnerischen Tagen lieber jauchzen und frohlocken; alles wird gewaschen und ist danach wieder sauber. Lassen Sie uns das Geräusch des Regens würdigen. Wir sollten dankbar sein, wenn wir beobachten, wie sich die Natur entfaltet, so wie sie es schon vor Jahrmillionen getan hat, lange bevor wir aufgetaucht sind und angefangen haben, uns über das durchsichtige nasse Zeug zu beschweren, das da vom Himmel fällt.

Lassen Sie uns für Regentage Dank sagen. Die Sonne wird wieder scheinen. Aber wir brauchen auch den Regen. Denken wir lieber an die Wohltaten des Regens, statt an die vermeintliche Unbequemlichkeit, die er uns beschert. Er ist eine Urkraft, ohne die wir nicht überleben können. Es ist Zeit, dankbar zu sein.

35   Auf die Plätze, fertig, los!

Es ist ganz natürlich, dass wir Menschen Träume haben und in unserem Leben immer mehr wollen. Doch nicht umsonst gibt es den klugen Spruch, dass der Weg das Leben ist, nicht das Ziel. Manchmal ist das Ziel oder die Hoffnung darauf jedoch das Einzige, was uns in schwierigen Zeiten bei der Stange hält. Aber ist es wahr. Sie müssen im Jetzt leben, so gut es geht, um die Geschenke zu genießen, die die Gegenwart uns bietet.

Wenn es Hoffnung ist, die Sie bei der Stange hält, dann halten Sie mit ganzem Herzen an ihr fest. Das Leben im Jetzt ermöglicht uns unglaublichen Frieden, denn frühere Wunden oder Konditionierungen oder zukünftige Ängste spielen für den Augenblick keine Rolle. Auch wenn es vielleicht ein schmerzvoller Prozess ist, an diesen Ort der Präsenz, der in Ihnen liegt, zu gelangen und den Widerstand alter Gewohnheiten zu durchbrechen – es lohnt sich auf alle Fälle!

Wie aber gelingt Ihnen beides – in der Gegenwart zu leben und zugleich auf die Verwirklichung Ihrer Träume hinzuwirken?

Genießen Sie den Prozess des Wachsens, seien Sie dankbar sowohl für den gegenwärtigen Augenblick als auch für den kommenden. Bereiten Sie sich auf das Leben, wie Sie es gern hätten, vor, und freuen Sie sich über das, was der Tag gerade bietet. Wenn sich dann der Traum irgendwann in Ihrem Leben physisch manifestiert, ist er bereits ein Teil von Ihnen selbst.

Es ist nicht ungewöhnlich, dass man den Moment fürchtet, in dem der eigene Wunsch tatsächlich in Erfüllung geht. Die Angst resultiert oft daraus, dass Sie zu weit vorausdenken und sich fragen, wie das alles geschehen wird und wie es Ihr Leben verändern würde. Aber wenn es Ihnen gelingt, in der Gegenwart zu bleiben, während Sie auf jene Ziele zugehen, werden Sie feststellen, dass die einzelnen Schritte durchaus sanft und klar sein können statt turbulent und beängstigend.

Sicherlich werden Sie nicht eines Tages aufwachen und ohne Vorbereitung Ihren Träumen begegnen. Sondern Sie wachsen langsam hinein. Und so besteht der einzige Weg, sich auf das Leben, von dem Sie träumen, vorzubereiten, darin, Schritt für Schritt hineinzuwachsen.

Auf diese Weise werden Ihre Träume deutlich greifbarer, denn Sie nähern sich ihnen ununterbrochen Stück für Stück an. Das Leben wird Ihren Mut belohnen.

Sicher, es geht um Vertrauen und Hoffnung, aber es geht auch darum, sich vorzubereiten. Es geht um Bereitschaft. Wirken Sie auf Ihre Träume hin, egal, wie viele Umwege oder Hürden sich Ihnen unterwegs entgegenstellen. Bleiben Sie klar in Ihrer Vision und dennoch flexibel, denn es könnte sein, dass Sie aufgrund der vielen Dinge, die Sie unterwegs lernen und aufnehmen dürfen, über Ihre ursprüngliche Vorstellung hinauswachsen.

Ohne den Mut anzufangen allerdings, werden Sie nichts davon erreichen. Sie müssen einen Anfang machen in dem Wissen, dass Sie auf das hinwirken, was Ihr Herz sich wünscht, und dabei die Augen offen halten für das Geschenk des Lebens, das sich unterdessen entfaltet.

Wenn Sie während Ihrer Jagd an der Gegenwart vorbeileben, dann werden Sie *immer* irgendeiner Sache hinterherjagen. Vielleicht erreichen Sie sogar Ihre Ziele, sind aber dennoch nicht erfüllt, da Sie stets wieder ein Ziel brauchen, das Sie erfüllen soll.

Wenn Sie sich bemühen, so weit in der Gegenwart zu sein wie möglich, ist auch Ihr Geist unendlich viel klarer. Sie verschwenden weniger Energie darauf zu versuchen, das Ergebnis zu beeinflussen, was letztendlich nur den Energiefluss blockiert. Ein klarer Geist ist viel empfänglicher für die Wegweiser und Chancen, die sich unterwegs auftun.

Natürlich geht es im Leben um das Jetzt. Aber Träume sind natürliche Begleiter auf unserer Reise. Fangen Sie also an. Wie bei einem Kind, das vor einem weißen Blatt Papier sitzt, das es bemalen will, wird es eine Vision geben, auf die Sie hinwirken. Möglicherweise sieht das Ganze am Ende anders aus als in Ihrer Vorstellung, aber ist das nicht etwas Schönes?

Ändern Sie Ihre Gewohnheiten, egal, wie sehr Sie das fordert. Denn das wird es tun. Bereiten Sie sich einfach weiterhin vor. Machen Sie sich bereit für das Leben, das Sie sich wünschen. Schaffen Sie Raum, damit sich Ihr Traum in Ihrem Leben entfalten kann. Wachsen Sie hinein. Der Traum will auch zu Ihnen.

Machen Sie sich bereit. Machen Sie sich fertig. Und ehe Sie sichs versehen, sind Sie auch schon unterwegs. Der Elan, der Sie nun trägt, hat sich während Ihrer Vorbereitungen über Jahre hinweg aufgebaut. Nun belohnt das Leben Sie für Ihre Mühe.

Sie sind jetzt nicht mehr eingeschüchtert oder behindern

Ihren Erfolg, indem Sie zu weit vorausdenken, sondern Sie sind ganz präsent und genießen Ihren Erfolg aus vollem Herzen, da Sie bereits hineingewachsen sind.

Sie sind bereit.

36 Denkanstöße der Natur

Vor ein paar Wochen erinnerte mich der Hund einer Freundin auf wunderbare Art daran, was Beharrlichkeit bedeutet. Meine Freundin und ich waren damit beschäftigt, ihre Wäsche aufzuhängen, und plauderten dabei angeregt. Währenddessen legte mir ihr Hund Kevin, ein australischer Kelpie (genau »Kevin the Kelpie«!), die ganze Zeit einen Stock vor die Füße. Ich kickte den Stock weg, und er rannte davon, um ihn wieder zu holen. In null Komma nichts war er zurück und machte es noch einmal und noch einmal und noch einmal.

Mich störte das überhaupt nicht, denn ich bin eine große Fürsprecherin von Beharrlichkeit sowie der Belohnungen, die sich daraus ergeben. Fast die ganze Zeit über, auch während unserer Tasse Chai auf der Veranda, kümmerte ich mich um Kevin the Kelpie und warf immer wieder Sachen für ihn fort.

Irgendwann war aus dem Stock ein dünnes Spänchen geworden. Da verschwand Kevin und kam mit einem Tennisball zurück. Natürlich war ich nicht bei jedem Wurf mit voller Aufmerksamkeit dabei, und irgendwann landete der Ball in den Zweigen eines Baums, wo er hängen blieb. Ah, eine Pause!, dachte ich erleichtert. Falsch gedacht, Kevin hatte anderes im Sinn. Kurze Zeit später kam er mit einem ganz kleinen Kieselstein an, und weiter ging's.

Ich hätte das Spiel jederzeit beenden können. Aber ich bewunderte seine Ausdauer und Beharrlichkeit, denn als Künstlerin, die sich ihren eigenen Weg sucht, musste auch ich im Laufe der Zeit ähnliche Eigenschaften ausbilden. Jeder, der ein Ziel verfolgt, wird gute und schlechte Zeiten haben. Manchmal müssen wir beharrlich sein und die richtigen Maßnahmen ergreifen. Dann wieder gibt es Momente, in denen man einfach loslassen und abwarten muss.

Es ist Herbst, der Winter naht, und die Tage werden rapide kürzer. Da sich auf dem Land dieser Farm ein großer Berg befindet, verschwindet die Sonne bereits nachmittags um halb fünf (bis die Sonnenwende in circa einem Monat eintritt und die Tage wieder länger werden). Zwar ist es nach halb fünf noch hell, aber mit der Sonne sind auch ihre wärmenden herbstlichen Strahlen verschwunden.

Da die Planeten zu dieser Jahreszeit in einem ganz bestimmten Winkel zueinander stehen, scheinen jene letzten, sehr warmen Strahlen des Tages direkt zu mir auf die Veranda. Das ist herrlich und spendet mir Energie. Dank dieses Einfallswinkels kommen die Strahlen ungehindert zu mir durch – was für ein Geschenk! Zu anderen Jahreszeiten werden die Strahlen durch Bäume gebrochen. Aber in diesem Moment sind es einfach großartige, wärmende, direkte Sonnenstrahlen.

Das gleiche goldene Licht scheint auch auf die Insekten, die umherschwirren. Es ist wirklich erstaunlich, wie viel Leben und Lebendigkeit es in der Welt dieser kleinen fliegenden Tierchen gibt, die wir normalerweise gar nicht wahrnehmen. Doch bei dem momentanen Sonnenstand kann ich sie alle sehen. Es erinnert mich an Momente, in denen die Sonne all die kleinen Staubpartikel, die durch die Luft wirbeln, streift und sie wie Feen oder Lichtküsse aussehen lässt. Die ungeheure Vielzahl von Insekten, die es jenseits dieser Veranda gibt, ist wirklich ziemlich erstaunlich.

Wie ich so die Fülle des Lebens in der späten Nachmittagssonne betrachte, wird mir klar, dass diese Insekten schon immer herumgeflogen sind. Doch weil das menschliche Auge nicht so scharf sieht wie etwa Vögel oder andere Tiere, bemerken wir sie in der Regel nicht. Das heißt aber keineswegs, dass sie nicht da sind. Sie sind da. Es ist nur eine Frage des richtigen Zeitpunkts und des richtigen Winkels (oder der Perspektive), damit man sie sehen kann. Wenn das Licht und der Blickwinkel stimmen, kann man eine ganz neue Welt entdecken.

Das lässt sich gut auf unser Leben und auf unsere Träume übertragen. Alles ist eine Frage des richtigen Zeitpunkts und der passenden Perspektive. Wenn Sie bereit sind, all das wahrzunehmen, was bereits da ist, geht das Licht an, und Sie können es auch sehen. Das bedeutet nicht, dass es Ihnen vorher nicht zugänglich gewesen wäre. Es war schon immer da. Nur müssen Sie in Ihrem Leben mit der richtigen Einstellung an den richtigen Punkt gelangen, damit all das, was auf Sie wartet und schon immer da war, sich Ihnen zeigt.

Wir leben in einer Welt, deren Schönheit keine Grenzen kennt. Alles, was Sie brauchen, damit Ihre Träume sich erfüllen, ist die Beharrlichkeit eines Kevin the Kelpie, gefolgt von Zeiten, in denen Sie loslassen, um die Dinge aus einem neuen Blickwinkel betrachten zu können.

Die Natur ist eine wunderbare Lehrerin. Ganz mühelos bekräftigt sie Dinge, die wir eigentlich schon wissen, aber an die wir manchmal wieder erinnert werden müssen. Ein beharrlicher Hund und Fülle in einem Bereich des Lebens, den wir üblicherweise übersehen, sind wunderbare Denkanstöße. Bloß weil Sie etwas nicht sehen können, heißt das nicht, dass es nicht bereits da ist und auf Sie wartet.

Die guten Dinge sind immer da. Aber manchmal müssen Sie das Leben eben erst aus einem anderen Blickwinkel betrachten.

37 Respekt beginnt bei uns selbst

Der starke Regen der letzten Tage hat aufgehört. Alles ist reingewaschen, und ein wunderschöner Morgen entfaltet sich. Draußen höre ich Vogelgezwitscher und das Rauschen des Bachs. Das ist sicher nicht die schlechteste Art, einen Montagmorgen zu verbringen.

Gestern Abend hatte ich ein Gespräch mit einer Freundin. Einige Leute haben ihr übel mitgespielt, und nun suchte sie bei sich selbst nach möglichen Gründen dafür. Ich legte ihr dar, wie wichtig es ist, dass man sich selbst respektiert, denn das wirkt sich auch darauf aus, wie andere mit uns umgehen. Ich berief mich dabei auf meine eigene Erfahrung und auf die Dinge, die ich in der Vergangenheit verändert hatte; dadurch hatte ich dafür gesorgt, dass ich anders behandelt wurde, und wusste genau, was ich bereit war hinzunehmen.

Man wird von anderen nur dann schlecht behandelt, wenn man es zulässt oder es erwartet. Es zuzulassen geschieht in der Regel nicht bewusst. Die Erwartung hingegen kann einem mehr oder weniger bewusst sein.

Solange Sie es zulassen, dass andere Sie schlecht behandeln, haben Sie auch keinen Respekt vor sich selbst. Wenn Sie dieses Muster jedoch durchbrechen und sich selbst mit Respekt begegnen, werden auch die anderen Sie entsprechend behandeln. Dann ziehen Sie solche Situationen immer seltener an.

Es ist traurig, aber wahr: Die meisten Menschen tun mehr dafür, Schmerz zu vermeiden, statt dafür zu sorgen, dass es ihnen gut geht. Statt sich von dem Gedanken an etwas Schönes motivieren zu lassen, kommt in der Mehrzahl der Fälle nur deshalb eine Veränderung zustande, weil man weiteres Leid vermeiden möchte. Beispielsweise wenn Sie versuchen abzunehmen: Vielleicht träumen Sie schon lange davon, gesünder zu leben, und wünschen sich das wirklich von ganzem Herzen; doch Sie ändern erst dann mit Erfolg etwas, wenn Ihr Übergewicht für Sie unerträglich wird. Dann sorgen Disziplin und der feste Wille, Ihren Lebensstil zu ändern, dafür, dass Sie Erfolg haben. So ist es bei allem. Man tut mehr dafür, dass der Schmerz aufhört, als dafür zu sorgen, dass es einem gut geht.

Jahrelang gab es in meinem Leben einen Menschen, der mir nahe war und den ich liebte, der mich jedoch als Vorwand für seine schlechte Laune nahm und diese bei jeder Gelegenheit auf mir ablud. Ich war an allem und jedem schuld, und da ich sensibel bin, nahm ich mir vieles davon zu Herzen und reagierte in einer Weise, die dem anderen noch mehr Macht gab.

Als irgendwann mein eigener Schmerz zu groß wurde, änderte sich etwas. Ich machte den Mund auf und fand endlich den Mut, vollkommen aufrichtig zu sein. Mein Gegenüber war verärgert, und lange Zeit galt ich als der schlimmste Mensch auf Erden. Aber für mich stand fest, dass ich es darauf ankommen lassen würde, diesen Menschen zu verlieren, denn so, wie es bisher war, konnte es nicht weitergehen.

Ich durchbrach ein Muster, das über Jahre hinweg funktioniert hatte, und erntete damit Ablehnung. Obwohl mein Gegenüber sich genauso verhielt wie zuvor, stieß es nun auf eine andere Reaktion. Mein Verhalten war aufrichtig und erwachsen und gab dem anderen keine Macht mehr. Nun, nach vielen Jahren, habe ich mir nicht nur seinen Respekt verdient, sondern auch ein liebevolles Verhältnis zu ihm. Am wichtigsten jedoch ist, dass ich mich selbst respektiere.

Wie Sie von anderen Menschen behandelt werden, ist eine Reaktion auf das, was Sie zulassen. Dabei spielt es keine Rolle, ob Sie einander gut kennen oder nicht. Sie ziehen das an, was Sie erwarten; all das spielt sich meist ganz tief im Unterbewusstsein ab. Wenn Sie sich heilen und nach und nach Ihr Selbstwertgefühl steigern, werden Sie ein Leben anziehen, das der Vorstellung entspricht, die Sie dann von sich haben; es wird ein lebenswerteres Leben sein.

Wenn Sie dieses Stadium erreicht haben, können Sie die Wut und die frustrierten Gefühle anderer mit Mitgefühl und aus der Distanz betrachten. Das bedeutet nicht, dass es Ihnen vollkommen egal ist. Es bedeutet nur, dass Sie nicht mehr gewillt sind, die Verantwortung dafür zu übernehmen.

Das Beste, was man tun kann, um sich bei anderen Respekt zu verschaffen, ist, aufrichtig zu sein und sich selbst zunehmend zu respektieren; fangen Sie beim Mitgefühl an. Denken Sie daran: Sie müssen für Ihr *eigenes* Menschlichsein Mitgefühl haben. Keiner von uns ist perfekt. Wenn Ihnen das gelingt, können Sie sowohl anderen *als auch* sich selbst mitfühlend begegnen. Und das wiederum wird Ihre Heilung fördern.

Wenn Sie stolpern und sich danach respektvoll behandeln, erkennen Sie an, dass auch Sie nur ein Mensch sind, und gehen Ihren Weg weiter.

Es ist ein allmählicher Prozess, doch wenn Sie auf

diese Weise Respekt vor sich selbst erworben haben, werden andere Menschen Sie anständig behandeln. Wenn Sie beharrlich und auf liebevolle Weise am Selbstrespekt arbeiten, wird Ihnen das Leben eine Verbesserung Ihrer zwischenmenschlichen Beziehungen nicht versagen. Sie werden sie ganz natürlich anziehen.

Wenn also andere Sie auf unangemessene Weise behandeln, befassen Sie sich mit Ihren eigenen Erwartungen und finden Sie heraus, wo diese Behandlung eigentlich herrührt. Sie können andere Menschen nicht retten. Sie können nur sich selbst retten.

Wenn Sie die Art und Weise, wie andere Sie behandeln, ändern wollen, verschaffen Sie sich Klarheit darüber, wie Sie mit sich selbst umgehen, sowohl in emotionaler als auch in physischer Hinsicht. Seien Sie mitfühlend mit sich. Seien Sie freundlich.

Alles Weitere ergibt sich von allein.

38 In eine neue Haut schlüpfen

Manche Kinder gehen gern zur Schule. Andere mogeln sich eher durch und sehnen sich nach zu Hause. Meine eigene Schulzeit verlief relativ friedlich, und alles in allem lernte ich gern, ich liebte Sport und mochte die sozialen Kontakte, die einem die Schule bietet.

Die intensivste Erinnerung aus meiner frühen Schulzeit stammt aus der Zeit, als ich in die erste Klasse ging, es war kein besonders glücklicher Tag. Ich weiß noch, dass ich am Boden zerstört war, als ich feststellte, dass ich mir in der Schulkantine für mein Spielgeld keine Getränke kaufen konnte. Das war für eine fünf Jahre alte Optimistin eine extrem schmerzvolle Entdeckung!

Etwas über einen mitgebrachten Gegenstand zu erzählen, hat immer Spaß gemacht, insbesondere als ich etwas älter wurde und auf der Farm nach Dingen suchen konnte, die ich mit in die Schule nehmen könnte. Manchmal fand ich ein totes Insekt oder ein merkwürdiges Gerät aus dem Schuppen meines Vaters oder eine verrückte Vorrichtung, die wir Kinder selbst gebaut hatten. Ich erinnere mich noch gut daran, dass ich eines Tages die Haut einer Schlange mitbrachte, was in der Klasse zu vielen tollen Gesprächen mit dem Lehrer führte.

Als ich vor kurzem auf einer Landstraße entlangging, stieß ich wieder auf eine Schlangenhaut. Sie rief nicht nur jene frohe Kindheitserinnerung in mir wach, sondern ließ mich auch über Erneuerung als solche nachdenken und darüber, dass ich zur Zeit regelrecht das Gefühl habe, in einer neuen Haut zu leben. Ich empfand unmittelbar Dankbarkeit und Leichtigkeit.

Wenn Sie sich auf Ihrem Weg durch das Leben bewusst darum bemühen, sich weiterzuentwickeln und Ihr bestes Selbst zu entdecken, erschaffen Sie tatsächlich eine neue Version Ihrer eigenen Person. Das alte Selbst bedarf der Heilung, aber Ihre Wunden müssen Sie nicht für immer mit sich herumtragen. Die Wunden mit anderen zu teilen, kann zu einer Art Sucht werden und einen daran hindern, weiterzukommen. Wenn Sie Ihre emotionalen Verletzungen mit anderen besprechen, kann dies eine Verbindung zu anderen schaffen und dazu führen, dass Sie deren freundlichstes Selbst berühren, weil diese wegen Ihrer Geschichte Mitleid empfinden oder weil sie vielleicht etwas Ähnliches durchmachen. Verletzungen können zu Ihrer Identität werden.

Sicher gibt es eine Zeit, in der Sie Ihrem emotionalen Schmerz Ausdruck verleihen müssen, doch es gibt auch einen Punkt, an dem es besser ist, weiterzugehen. Die eigenen Worte sorgfältig zu wählen, ist zweifelsohne ein lohnendes Unterfangen. Wenn Sie an der Geschichte Ihrer Verletzungen hängen, fühlen Sie sich dadurch möglicherweise wie in einem sicheren Hafen, es wirkt wie ein geschützter und vertrauter Ort. Wenn Sie sich verändern, ändert sich Ihr Leben, und dieser Gedanke kann einem Angst machen. Doch das Leben wird sich auf die eine oder andere Art ohnehin verändern. Ist es daher nicht besser, die Veränderung selbst auszulösen und selbst zu bestimmen, welche Richtung sie nimmt?

Schreiben Sie auf, wovor Sie Angst haben. Seien Sie ehrlich zu sich selbst. Sie können Ihr eigenes Herz und Ihre eigenen Zellen ohnehin nicht belügen. Ihr Körper weiß es. Ihr Herz weiß es. Verschaffen Sie ihnen Erleichterung durch Aufrichtigkeit. Warum macht es Ihnen solche Angst, zu dem Menschen zu werden, der Sie in Wahrheit sein wollen? Nutzen Sie Ihre Antworten, um sich zu öffnen und zu entdecken, wer Sie wirklich sind, mit all den Wundern und aller Schönheit.

Es ist zuweilen tatsächlich einschüchternd und herausfordernd, wenn wir voranschreiten und zu einer neuen Version unserer Selbst werden. Aber tapfer zu sein bedeutet nicht, dass man keine Angst hat – es bedeutet, dass Sie bereit sind, voranzuschreiten, obwohl Sie Angst haben.

Vertrauen Sie auf das große Ganze. Authentizität ist ein Teil Ihrer seelischen Reise. Sie sind hier, um zu entdecken, wer Sie wirklich sind, und dann diese Weisheit mit anderen zu teilen. Verbinden Sie sich mit anderen Menschen lieber durch glückliche Geschichten. Nehmen Sie sich vor, eine Woche lang nur positive Dinge zu erzählen, und achten Sie darauf, wie viel leichter Sie sich fühlen.

Eines Tages wird es für Ihr altes Selbst keine Verwendung mehr geben. Arbeiten Sie an Ihrer Heilung, aber lassen Sie dann auch los. Begrüßen Sie Ihr neues Selbst. Es gibt mehr Freude und Glück in diesem Leben, als Sie sich momentan vorzustellen wagen.

Eine neue Version von Ihnen wurde geboren. Es ist Zeit, Ihre alte Haut zurückzulassen.

39 Wegweiser

Wenn ich früher in eine neue Stadt oder in eine neue Gegend kam, fand ich es immer schön, mir die Umgebung dadurch zu erschließen, dass ich meiner Intuition und meinem eigenen Richtungssinn gefolgt bin. Manchmal habe ich mich verlaufen, manchmal fand ich mich gut zurecht. Sich zu verlaufen führte zuweilen zu anderen guten Dingen.

Auch heute noch wende ich dieses Modell an, um mich an unbekannten Orten zu orientieren. Wenn ich absolut muss, dann benutze ich eine Karte, aber keine Sekunde eher. Zuweilen entdecke ich durch dieses ziellose Herumirren Gegenden, die ich nie gefunden hätte, wenn ich mich nur an die Hauptstraßen gehalten hätte.

Sicherlich wird GPS eines Tages seinen Weg auch in mein Leben finden, wie das bei technischen Dingen so der Fall ist. Aber ich habe es damit nicht eilig. Mir ist es nach wie vor lieber, Leute aus der Umgebung nach dem Weg zu fragen, wenn ich mich verlaufen habe. Das bereichert meinen Tag um ein Lächeln, und oft ergibt sich ein nettes Gespräch mit einem Unbekannten. Das letzte Mal kam ich mit einem älteren Mann, der gerade auf seiner Auffahrt stand, ins Plaudern. Unser Schwatz mündete in einem so netten, herzlichen Gespräch, dass er mich zu sich ins Haus einlud.

Ehe ich michs versah, führten seine Frau und er mich stolz durch ihr Haus und zeigten mir, was sie vor kurzem renoviert hatten. Ich war über eine Stunde bei ihnen. Es war eine wunderschöne Begegnung. Meine mangelnde Kenntnis der Umgebung hatte zu einer bezaubernden Ablenkung und Unterhaltung geführt, die sowohl mir als auch dem älteren Ehepaar eine schöne Erfahrung bescherte.

Wenn ich mich irgendwo verlaufen habe, habe ich oft bemerkenswerte Dinge entdeckt. Verknüpfungen zwischen unterschiedlichen Straßen herzustellen sorgt auch für Neu-entdeckungen, und ich lerne dabei Seitenstraßen kennen, die sonst nur Einheimische nutzen. Ich genieße immer den Moment, in dem mir klar wird, dass eine bestimmte Straße auf eine andere stößt, in der ich schon mal war.

Aber es gibt auch Zeiten, in denen Wegweiser sehr praktisch sind. Insbesondere bei langen Fahrten nutze ich sie. Ich liebe Schilder, die auf eine Stadt hinweisen, die fast tausend Kilometer entfernt ist, so als sei sie gleich um die Ecke, jedenfalls nah genug, um in einem Atemzug mit all den anderen Städten genannt zu werden, die davor kommen.

Allerdings gibt es nicht nur auf Straßen Wegweiser. Auch das Leben neigt immer wieder einmal dazu, unterwegs mit ziemlich offensichtlichen Wegweisern aufzuwarten. Manch-mal ist man ganz auf eine bestimmte Richtung fixiert, und dann erscheint wie aus dem Nichts ein Umleitungsschild und schickt einen in eine vollkommen andere Richtung. Alle Schilder, die Sie zuvor in Ihre Richtung gewiesen hatten, ver-schwinden, und langsam aber sicher tauchen neue Wegwei-ser auf, die eine neue Richtung anzeigen; einer nach dem anderen.

Manchmal ist man gerade ganz entspannt unterwegs und

wird dann von einem Wegweiser auf einen steilen, holprigen Pfad geschickt. Man fragt sich, wieso man diese Veränderung nicht vorhergesehen hat, wie man die anderen Schilder, die bereits darauf hinwiesen, übersehen konnte. Doch selbst Dinge, die den ursprünglich geplanten Weg blockieren und Sie auf einen anderen Kurs schicken, bergen Wohltaten. Sie blicken nun aus einer anderen Perspektive auf das Leben, einer Perspektive, die Sie nicht in Erwägung gezogen hätten, wenn weiterhin alle Schilder entlang einer geraden, ebenen Straße gestanden hätten.

Wenn Sie einen steinigen Pfad besteigen und Ihre gesamte Energie dafür aufwenden müssen, zum Gipfel zu gelangen, kommen Sie irgendwann an einen Punkt, an dem Sie in die Ferne schauen können. Die Aussicht ist atemberaubend und bietet eine vollkommen andere Welt. Am Ende sind Sie trotz allem heilfroh, dass die Wegweiser Sie auf diese Route geschickt haben.

Manchmal wiederum sind Sie auf einer Straße unterwegs, auf der es keine deutlichen Wegweiser gibt. In einem solchen Fall müssen Sie Ihre eigenen intuitiven Wegweiser aktivieren. Sie sind unterwegs, ohne wirklich zu wissen, wohin die Reise geht; Sie wissen nur, dass das Leben Ihnen die Richtung, in der Sie vorher unterwegs waren, verstellt hat.

In solchen Zeiten benötigen wir Glauben und Vertrauen ebenso wie die Bereitschaft, in kleinen Schritten weiterzugehen, darauf vertrauend, dass das, was gerade geschieht, tatsächlich etwas Wunderbares ist. Nur können Sie die Geschenke, die Ihnen diese Reise machen wird, noch nicht sehen. Doch Sie können auch nicht lange stehen bleiben. Das Leben drängt Sie weiter vorwärts.

Die Vergangenheit ist vorbei. Für immer. Sie können Ihre Zeit damit verbringen zurückzublicken, über Verlorenes nachzudenken oder darüber zu grübeln, was Sie anders hätten machen sollen. Doch wenn Sie das tun, dann verpassen Sie den heutigen Tag, die Geschenke, die er bringt, und die Wegweiser, die versuchen, Sie in eine bessere Zukunft zu führen.

Also seufzen Sie und gehen Sie einen kleinen Schritt nach vorn, wenn Sie dafür den nötigen Mut beisammenhaben; Sie tun, was Sie können, Schritt für Schritt, und hören unterdessen auf die ruhige Stimme der Weisheit tief in Ihnen drin. Und wenn Sie sich gerade nicht so tapfer fühlen, dann ruhen Sie ein wenig aus und warten ab, bis sich Ihnen der nächste Wegweiser zeigt. Und das wird er. Er tut es immer.

Nicht alle Wegweiser sind jedoch gut zu erkennen, und die besten Wegweiser erscheinen mitunter auf eine Weise, die nicht unbedingt angenehm ist. Doch wenn Sie sich trauen, Ihre Augen zu öffnen und zu sehen, wohin das Leben Sie zu geleiten versucht, lässt Ihr Widerstand nach; die Reise verläuft wieder reibungsloser, und irgendwann werden Sie sie auch wieder genießen.

Keiner ist gegen Wachstum, neue Einsichten und den Schmerz, der damit zuweilen einhergeht, gefeit. Aber es gibt unterwegs immer Wegweiser, die uns helfen. Wenn Sie sich öffnen, um sie wahrzunehmen, und geduldig sind und Vertrauen haben, auch wenn Sie gerade keine Schilder erkennen können, ist es sehr wahrscheinlich, dass Ihr Leben leichter wird.

Natürlich sehen nicht alle Wegweiser wie Wegweiser aus. Manchmal erscheinen sie in Gestalt eines Menschen, der in Ihrem Leben für Unruhe sorgt, oder sie erscheinen als Verlust von Sicherheit, oder sie zeigen sich Ihnen, indem nichts mehr richtig rundläuft. Aber sie können auch in Gestalt einer flüchtigen Bemerkung daherkommen oder eines Moments der Gleichzeitigkeit oder eines Menschen, der neu in Ihr Leben tritt, oder einer Erinnerung, die hochgestiegen ist und bewirkt, dass Sie etwas aus Ihrem aktuellen Leben aus anderer Perspektive betrachten.

Was auch immer die Zeichen Ihnen sagen wollen – vertrauen Sie ihnen, dann werden sie deutlicher zutage treten. Halten Sie Ihre Augen und Ohren offen. Suchen Sie nach Wegweisern. Sie sind da und warten auf Sie, wenn Sie sie brauchen.

Halten Sie einfach Ausschau nach Zeichen.

40 Ein neuer Anfang

Irgendwo habe ich mal gelesen, dass es zu jedem Zeitpunkt irgendwo auf unserem Planeten brennt. Wenn man also von einem Satelliten aus auf die Erde blickte, würde man immer irgendwo ein Feuer entdecken.

Letzte Nacht haben über vierzig Menschen ihr Zuhause bei einem Großbrand in den Außenbezirken von Perth, der Hauptstadt des Bundesstaates Western Australia, verloren. Vor ein paar Jahren, ungefähr um die gleiche Jahreszeit, starben 173 Menschen bei Waldbränden in Victoria. Weitere vierhundert Menschen wurden verletzt. Ganze Städte brannten nieder und ließen nichts als Schutt und Asche zurück.

Jene Großbrände wüteten in Victoria gerade mal zwei Tage, bevor ich innerhalb dieses Bundesstaates umzog. So kam es, dass ich mit eigenen Augen sah, wie sehr die Landschaft in Mitleidenschaft gezogen war. Ich fuhr durch kahle Gegenden mit verbrannter Erde. Blechplatten lagen auf dem verkohlten Boden, es war das Einzige, was von einigen Häusern noch übrig war. Baumgerippe standen verwaist auf kargen Abhängen.

Während jener Brände kämpfte der Norden Queenslands

mit großen Überschwemmungen. Im Norden gab es zu viel Wasser, im Süden zu wenig.

Die von uns als solche bezeichneten Naturkatastrophen gehören aber nun mal zum Leben der Erde und zu ihrer Evolution. Es wird immer Dinge geben, die uns daran erinnern, dass letzten Endes die Erde die Dinge bestimmt und nicht wir.

Australien hat schon so manche Extremwetterlage erlebt. So kam es in den letzten Jahren zu Sturzfluten in Städten, die eigentlich in gesicherten Höhenlagen angesiedelt sind; dabei kamen Menschen ums Leben, deren Häuser unvermittelt dem Druck der Wassermassen nachgaben. Unsere drittgrößte Stadt wurde auf geradezu apokalyptische Weise zu einer Geisterstadt, als die Flutmassen durch sie hindurchrauschten; sie scherten sich nicht um die von Menschenhand errichteten Konstruktionen, die ihnen in die Quere kamen, sondern hoben sie einfach an und trugen sie mit sich fort. Viele Menschen wurden obdachlos.

Vor einigen Jahren traf der größte Wirbelsturm, der je in Australien aufgezeichnet wurde, auf die Küste von North Queensland. Er verwüstete Dörfer, eine riesige Fläche Agrarland und Nahrungsmittelbestände, und, was mich besonders traurig machte, er verheerte auch eine wunderschöne Insel, auf der ich einmal eine Zeitlang gelebt hatte. Meine Freunde, die dort noch lebten, verloren nicht nur ihre Arbeit, sondern auch ihr Zuhause.

Das sind häufig die Folgen von Naturkatastrophen. Brände an vielerlei Orten, auch in Südaustralien und den Blue Mountains, haben in der Vergangenheit unzählige Häuser und Geschäfte zerstört. Das Gleiche geschah vor nicht allzu langer Zeit bei Hochwasser in Victoria und Tasmanien. Und natürlich sehen wir es ständig in den Nachrichten, überall auf der Welt: Hochwasser und Erdbeben in Asien,

Brände in Amerika, Hochwasser und extreme Kältegrade in Europa, Dürre in Afrika. Und so weiter. Das wird auch so bleiben. Das menschliche Leben ist und bleibt den Naturkräften unterworfen.

Was machen nun die Menschen in solchen Zeiten, in denen sie alles, was ihnen Sicherheit gab, verloren haben: Familienangehörige, ihr Zuhause, ihre Arbeit, Essen?

Sie lernen zu empfangen. Und sie lernen, neu anzufangen.

Manchmal sind es keine Naturkatastrophen, sondern zerbrochene Beziehungen, der Tod eines geliebten Menschen oder eine der zahlreichen anderen Herausforderungen, die das Leben uns zuweilen schickt. So oder so, fast jeder von uns gelangt im Laufe seines Lebens an einen Punkt, an dem er lernen muss, neue Fähigkeiten zu entwickeln.

Vor einigen Jahren waren Buschfeuer einigen Gemeinden am Rand von Sydney gefährlich nahe gekommen und hatten im umliegenden Buschland schwer gewütet; später ging ich mit meinen Cousinen über das verbrannte Land. Wir waren auf dem Weg zu einer Wasserstelle, um zu baden. Jeder Baum war verkohlt. Die Erde komplett versengt. Felsen, die früher von Pflanzen überwuchert waren, lagen nun frei. Am meisten beeindruckte mich jedoch, dass überall – auf den Bäumen und auf dem Boden – neues Leben spross.

Als ich vor kurzem mal wieder in die Nähe dieser Wasserstelle kam, sah ich überall gesundes Wachstum – es war der Inbegriff dessen, das Schlimmste überlebt zu haben und umso stärker daraus hervorgegangen zu sein.

Die Natur macht nach Rückschlägen einfach weiter. Sie schafft wieder Neues. Da auch wir ein Teil dieses biologischen Kreislaufs sind, haben auch wir die Chance, noch einmal anzufangen, uns zu erneuern und weiterzumachen. Jeder Tag – wirklich jeder Tag – schenkt uns die Möglichkeit, wieder anzufangen, auf die eine oder andere Weise einen echten Neustart hinzulegen, noch einmal neu zu beginnen.

Ob es Naturkatastrophen sind, Liebeskummer, Jobverlust, gesundheitliche Herausforderungen oder eines der vielen anderen Dinge, die das Leben uns vor die Füße wirft – Sie haben immer die Wahl, ob Sie aufgeben oder neu anfangen.

Vielleicht kostet das viel Kraft. Vielleicht kostet es Tränen und führt zu Enttäuschung. Aber möglicherweise bringt es auch eine innere Kraft und Schönheit zutage, von der Sie nicht wussten, dass sie in Ihnen steckt.

Ein neuer Tag ist angebrochen. Es ist Zeit für einen Neuanfang.

41 Tipps zur Aufmunterung

Wir alle haben unsere schlechten und unsere guten Tage. Sie kommen und gehen. Und kehren auf unterschiedliche Weise wieder.

Das Leben ist eine Mischung aus Licht und Schatten. Glücklichsein stellt sich nicht dadurch ein, dass wir an den guten Tagen hängen und die schlechten Tage fürchten, sondern dass wir akzeptieren, dass beide nun einmal zum Leben dazugehören.

Wenn Sie dies anerkennen, gelingt es Ihnen, Ihr Leben gelassener und ausgewogener zu betrachten; Sie können die guten Zeiten genießen, von den schlechten Zeiten etwas lernen und honorieren, dass beide sinnvoll sind.

Wir lernen niemals aus. Es bringt absolut nichts zu glauben, dass, wenn dies oder jenes geschieht, alles für immer gut sein werde. Das wird es nicht, denn Sie werden immer noch etwas dazulernen. Erst wenn Sie das akzeptieren, wird das Leben etwas leichter. Sie sind dann besser in der Lage, damit umzugehen, und entwickeln mehr Verständnis. Aber es werden immer irgendwelche Lektionen auf Sie warten.

Es gibt jedoch Zeiten, in denen die schlechten Tage vorherrschen. In solchen Tagen, Wochen, Monaten oder gar

Jahren überwältigt uns vielleicht die Anstrengung, darauf zu vertrauen, dass die schlechten Zeiten wieder vorbeigehen werden. Möglicherweise ist Hoffnung das Einzige, was Sie aufrecht hält, und wenn Sie schon lange in einem dunklen Loch stecken, dann ist zuweilen auch das nicht mehr möglich.

In Zeiten wie diesen müssen Sie sich an die winzigsten Dinge halten, damit Sie im Laufe eines Tages ein kleines bisschen Freude empfinden können. Tatsächlich entpuppen sich die vermeintlichen Nebensächlichkeiten zuweilen als etwas, das einen gewaltigen Umschwung auslösen kann. Wenn es Ihnen sogar schwerfällt, einen Grund zu finden, um morgens aufzustehen und den Tag in Angriff zu nehmen, dann gehen Sie sanft mit sich um; seien Sie gut zu sich selbst und nehmen Sie es einfach hin, dass Sie momentan vielleicht nur kleine Schritte machen können.

Hier sind ein paar Tipps, die Ihnen vielleicht helfen, sich besser zu fühlen:

1. Besorgen Sie sich Buntstifte und malen Sie, oder kaufen Sie sich ein Malbuch. Das ist etwas ganz Einfaches, Kindliches. Aber Farben können eine heilende Wirkung entfalten, und wenn Sie sich in das Zeichnen oder Ausmalen versenken, sind Sie stärker in der Gegenwart und grübeln nicht über Ihre Lage. Jegliche kreative Tätigkeit, bei der Farbe mit im Spiel ist, wird Ihnen guttun.

2. Machen Sie eine Liste, auf die Sie Ihre besten Eigenschaften schreiben. Doch doch, Sie haben solche Eigenschaften – in jedem Menschen steckt etwas Gutes. Denken Sie an Dinge, die Sie in der Vergangenheit erlebt haben, Dinge, nach denen Sie sich gut gefühlt haben. Vielleicht ist es etwas, was Sie getan haben, oder Eigenschaften, die Sie an sich selbst mögen. Möglicherweise haben Sie

mal ganz unvermittelt jemand anders etwas Gutes getan, etwas, von dem niemand anders bemerkt hatte, dass es fällig war. Oder Sie mögen Ihr eigenes Lächeln, oder dass Sie früher andere oft zum Lachen gebracht haben (was Sie auch wieder tun werden). Nehmen Sie diese positiven Aspekte Ihrer Persönlichkeit an und verzichten Sie auf jeglichen Bezug zu etwas Negativem. Heute ist nichts Negatives erlaubt!

3. Gehen Sie irgendwohin, wo Vögel in ihrem natürlichen Habitat sind. Schauen Sie einfach zu, was die Vögel den Tag über so machen. Hören Sie hin, wie froh sie ihr Lebendigsein besingen; hören Sie, wie die Vögel aus reiner Freude trillern. Beobachten Sie, wie frei sie in ihrem Flug sind. Auch die Vögel müssen überleben und haben Herausforderungen zu bewältigen. Aber sie vergessen nie, unterdessen zu jubilieren.

4. Halten Sie sich einen ganzen Tag und eine ganze Nacht vom Computer fern. Lassen Sie ihn konsequent ausgeschaltet. Tun Sie das in regelmäßigen Abständen immer mal wieder. Computer sind in vielfacher Hinsicht etwas ganz Wunderbares. Sie können Menschen einander näherbringen, doch in anderer Hinsicht können sie uns auch isolieren. Schalten Sie den Computer aus. Unternehmen Sie etwas, das Ihnen früher Spaß gemacht hat, bevor der Computer die Macht über Ihr Leben gewann. Gehen Sie spazieren. Bewegung wird Ihnen guttun.

5. Rufen Sie einen Freund an, der Sie zum Lachen bringt. Rufen Sie keinen an, der mit Ihnen gemeinsam in Traurigkeit schwelgt, auch wenn das nett gemeint ist. Heute ist dafür nicht der richtige Tag. Rufen Sie einfach jemanden an, mit dem man über Lappalien Witze reißen kann. Wenn Ihnen niemand einfällt, machen Sie in Ihrer Gegend einen kleinen Spaziergang. Schauen Sie bei

jemandem vorbei, mit dem Sie im Alltag zu tun haben und der immer gut gelaunt ist. Halten Sie einen kleinen Plausch und lachen Sie zusammen. Der andere wird sich ebenfalls darüber freuen.

6. Ziehen Sie etwas an, in dem Sie gut aussehen und sich wohlfühlen, vielleicht etwas Farbenfroheres, als Sie sonst tragen. Achten Sie auf Ihr Äußeres und seien Sie stolz auf sich, egal, wie viel Mühe Sie das kostet. Es ist vollkommen einerlei, ob Sie denken, dass Sie sich selbst nur vormachen, sich auf diese Weise besser zu fühlen. Es ist eine Veränderung, und Veränderung ist nötig, um etwas an Ihrem momentanen Zustand zu verbessern. Zudem ist dies etwas, was Sie tatsächlich bewerkstelligen können, wenn Sie niedergeschlagen sind.

7. Besuchen Sie jemanden, der Kinder hat, und verbringen Sie etwas Zeit mit ihnen. Singen Sie gemeinsam ein paar Lieder, verstellen Sie sich, spielen Sie Verstecken oder irgendetwas anderes. Wenn es in Ihrer Nähe keine Kinder von Bekannten gibt, dann schauen Sie anderen Kindern von ferne zu. Beobachten Sie, wie unkompliziert und fröhlich sie sind, und rufen Sie sich in Erinnerung, dass auch Sie einmal klein waren und dass diese Eigenschaften auch in Ihnen noch schlummern. Schwingen Sie sich auf eine Schaukel und lehnen Sie sich zurück, nehmen Sie Schwung und spüren Sie, wie Sie durch die Luft gleiten.

8. Blättern Sie alte Fotoalben durch und erinnern Sie sich an Zeiten, in denen es Ihnen gut ging. Selbst wenn dadurch Erinnerungen hochkommen, die Sie traurig stimmen, rufen Sie sich auch die schönen Zeiten in Erinnerung. Es ist so leicht, nur Verlust, Einsamkeit oder Mangel wahrzunehmen, statt all die Freuden, die einst da waren. Wenn es keine Fotos gibt, denken Sie an etwas

Lustiges zurück, versetzen Sie sich hinein. Lautes Lachen ist absolut erlaubt!

9. Ernähren Sie sich gesund. Wenn Sie nicht die Kraft oder Energie haben, um für sich selbst zu kochen, dann kaufen Sie sich eben etwas Köstliches – frisch gepressten Saft, Salat oder eine Suppe. Halten Sie einen kleinen Schwatz mit der Person, die Sie bedient, lächeln Sie sie an. Gesundes Essen heilt sowohl den Körper als auch den Geist. Das Gleiche gilt fürs Lächeln.

10. Gönnen Sie sich ein Wohlfühl-Bad. Zünden Sie ein paar Kerzen an und verwenden Sie einen schönen Duft. Machen Sie etwas Besonderes daraus, selbst wenn es mitten am Tag ist. Pflegen Sie sich. Wenn möglich, spendieren Sie sich selbst eine Massage, lassen Sie sich verwöhnen. Wir alle brauchen menschliche Berührung, und wenn es einem schlecht geht, neigt man dazu, sich zurückzuziehen, und ist dann irgendwann ganz ausgehungert nach Berührung. Umarmungen sind immer gut. Umarmen Sie jemanden, wenn Sie jemanden haben, den Sie umarmen können. Wenn das nicht der Fall ist, gehen Sie raus und suchen Sie menschlichen Kontakt oder streicheln Sie ein Tier. Wir alle bedürfen der Pflege, und wir alle sehnen uns nach Berührung.

Jede noch so kleine Sache, die Sie tun können, um Ihre momentane Verfassung zu verändern, wird Ihnen viel besser tun, als Sie zunächst vielleicht glauben. Jeglicher Hoffnungsschimmer und jede Aussicht auf Freude, wie geringfügig auch immer, sind besser als nichts.

Wenn es Ihnen gelingt, auch nur einen dieser Tipps umzusetzen, dann seien Sie stolz darauf, dass Sie sich die Mühe gemacht haben. Es macht gar nichts, wenn Sie die Kraft nicht aufbringen, wieder genau der oder die Gleiche zu sein wie früher. Vertrauen Sie darauf, dass sich Heilung *jetzt* in Ihrem Leben vollzieht. Sie müssen nicht der Mensch sein, der Sie einst waren, vielmehr werden Sie zu dem, der zu sein Ihnen bestimmt ist, wenn die Zeit der Heilung vorüber ist. Es wird jemand Neues sein, jemand Erstaunliches, der offen ist, Dinge annehmen kann und glücklich ist.

Ihr Lächeln wird zurückkehren. Vielleicht fühlt es sich momentan noch nicht danach an. Aber geben Sie die Hoffnung nicht auf. Sie werden wieder lächeln. Das ist einfach so. Und allein dieser Gedanke lohnt doch schon ein Lächeln, oder?

42 Dreißig Sekunden

Die Nacht war ruhig und friedlich wie jede andere, als sich vor einigen Wochen plötzlich alles änderte. Es begann mit einem Gepolter, das klang wie ein Truck, der ganz nah ans Haus herangefahren war. Die Spiegel wackelten, und die Vögel kreischten.

Nach ungefähr fünfzehn Sekunden wurde es still, doch kurz darauf folgte ein weiteres Poltern. Diesmal war es eindeutig kein Truck. Es war unser lebendiger Planet, Mutter Erde, die uns daran erinnerte, dass auch sie sich fortwährend verändert, so wie alles andere. Es war ein Erdbeben, siebzehn Kilometer unter der Erdoberfläche: Sein Epizentrum lag unter einem See, der ungefähr eine Stunde mit dem Auto entfernt ist.

Dreißig Sekunden lang rumpelte es. Ohne Vorwarnung. Keine Zeit mehr, um noch etwas an seinem Leben zu verändern. Dreißig Sekunden, die für viele von uns ohne weiteres hätten die letzten sein können. Wir warteten, ob es nochmals rumpeln würde, aber alles war still und blieb es auch.

Wir waren unverletzt, und es war nichts kaputtgegangen; zum Glück wurde aus der gesamten Region von keinerlei Verletzungen berichtet. Doch war es eine dramatische Erinnerung daran, wie schnell sich das Leben ändern kann und dass es das auch tatsächlich tut.

Wäre das Beben etwas stärker ausgefallen, so wären wir möglicherweise um unser Leben gerannt, Dächer wären zerstört worden und Wände eingestürzt. Das hört sich dramatisch an, und auch wenn die Erde an diesem Abend nur leicht bebte – für diejenigen, die stärkere Beben erlebt hatten, *ist* es auch dramatisch. Wie viele Menschen sind bei Erdbeben oder anderen unvorhergesehenen Ereignissen gestorben, ohne eine dreißig Sekunden während Vorwarnung.

Doch bei dreißig Sekunden bleibt noch Zeit zum Denken, und man kann sich sogar noch ein kleines bisschen besinnen. Bei einer solchen Zeitspanne hätte ich, wäre die Erschütterung so groß gewesen, dass das Haus vom Einsturz bedroht gewesen wäre, nur noch meine Tochter schnappen und nach draußen laufen können. Es macht uns deutlich, wie unwichtig in kritischen Situationen unsere Habseligkeiten sind. Wenn jede Sekunde zählt, dann sind einzig und allein die Menschen, die wir lieben, von Bedeutung.

Wie viele Menschen habe auch ich Freunde verloren, die ganz plötzlich bei einem Verkehrsunfall gestorben sind. Für sie wären dreißig Sekunden lange gewesen, aber ihnen wurde noch nicht einmal diese Zeitspanne gewährt. Natürlich haben viele Menschen am Ende wesentlich mehr Zeit zum Nachdenken, wie all die Menschen, die ich früher gepflegt habe (und über die ich mein erstes Buch geschrieben habe). Anderen bleibt überhaupt keine Zeit. Und einige haben dreißig Sekunden.

Über dieses kleine Geschenk der Zeit dachte ich während des kurzen Augenblicks nach, der zwischen den zwei Erdstößen lag. Unsere Gegend gilt nicht als erdbebengefährdet. Das letzte sachte Beben fand vor 43 Jahren statt. Das jüngste Beben, wie auch das damalige, geschah aus dem

Nichts heraus und war wieder mal ein deutliches Erinnerungszeichen, dass wir nie alles unter Kontrolle haben.

Sie können nie wissen, wann Ihre letzten dreißig Sekunden geschlagen haben. Sie wissen es wirklich nicht. Aber wenn Ihnen nur noch diese kurze Zeitspanne bliebe, was würde Ihnen dann durch den Kopf gehen? Ich habe eigentlich nur an die Menschen gedacht, die ich liebe, und ich glaube, das geht den meisten Menschen so.

Es passiert so leicht, dass wir die ganze Zeit nur mit Alltagskram beschäftigt sind. Wir leben in einer Welt, in der es so viele Dinge gibt, in der so viel geschieht. Aber wenn alles andere wegfällt, dann schwindet die Bedeutung jener Dinge, für die wir die meiste Zeit aufwenden, und wir werden an das erinnert, was im Leben wirklich zählt. Liebe.

Manchmal treffen uns diese Mahnungen aus dem Blauen heraus, so wie das Gepolter der Erde tief unter uns. Doch diese Zeichen, die daran erinnern, wie schnell das Leben vorbei sein kann, sind in Wirklichkeit Warnsignale, für die wir dankbar sein sollten.

Wenn es mit Ihrem Leben heute vorbei wäre – wie würden Sie Ihre letzten dreißig Sekunden am liebsten verbringen? Liegt das Leben, das Sie momentan führen, damit bereits auf einer Linie?

Falls nicht – dann sollten Sie etwas ändern.

43 Gedanken und Verkehr

Neulich saß ich im Schatten eines wunderschönen Baums. Ich wartete auf einen Termin und beobachtete den Straßenverkehr. An einer Ampel kamen die Autos zum Stehen; sie waren so weit entfernt, dass die Fahrer sich ungestört fühlten, aber nah genug, dass ich viele Gesichter beobachten konnte, bis die Ampel auf Grün umsprang.

Ein Mann, der schon ziemlich alt zu sein schien, wartete ganz geduldig. Er wirkte sehr würdevoll im Vergleich zu einigen der Geschäftsleute in den Fahrzeugen um ihn herum. Ich schätzte sein Alter auf Ende achtzig und fragte mich, was er wohl an Umbrüchen in seinem Leben erlebt haben mochte. Er fuhr einen dieser kleinen modernen Flitzer. Ich dachte daran, dass seine Kindheit sehr anders ausgesehen haben musste und dass damals *jedes* Auto etwas Besonderes war. Wie mochte wohl sein erstes Auto im Vergleich zu demjenigen, das er jetzt fuhr, ausgesehen haben?

Schon im Laufe meines eigenen Lebens habe ich so manche Veränderung erlebt. Ich war dabei, als Ernie und Bert aus der Sesamstraße von schwarz-weiß auf Farbe umstiegen (was uns als Kinder ganz schön beeindruckte) und wie die Figuren später dann digitalisiert wurden. Ich habe erlebt, wie es normal wurde, Vegetarier zu sein, Gott sei Dank. Banken begegnen treuen Kunden nicht mehr mit Wertschätzung, sondern verlangen inzwischen eine Gebühr für den Luxus, dass sie einem ein Konto zur Verfügung stellen. Im Auto herrscht mittlerweile Anschnallpflicht. Das Rauchen ist in Australien in geschlossenen Räumen verboten. Faxmaschinen kamen auf, dann Computer, das Internet, Handys, schnelle Autos, ein schneller Lebensstil und noch viele andere Dinge. Sogar handgeschriebene Weihnachtskarten gibt es kaum noch, stattdessen gibt es elektronische Postkarten oder E-Mails, die an einen kompletten Verteiler verschickt werden.

Was muss ein Mann, der beinahe neunzig ist, alles in seinem Leben gesehen haben? Dort saß er nun in seinem Auto, passte sich an das heutige Leben an, ließ sich treiben, wartete geduldig an einer Ampel und fuhr immer noch selbst in die Stadt, war also eigenständig.

Als der nächste Schwung an Autos vor der Ampel anhielt, beobachtete ich einen jungen Kerl, der wahnsinnig ungeduldig war. Beim Warten auf das Umspringen der Ampel wurde er immer fahriger, laute Musik drang aus seinen offenen Fenstern. Als es grün wurde, wäre er beinahe auf der Rückbank des Autos vor ihm gelandet, so eilig hatte er es. Ich fragte mich, wie es in seinem Leben wohl aussehen mochte, und was so wichtig sein konnte, dass er so voller Angst war? Er tat mir aufrichtig leid. Er würde noch so viel lernen müssen. Als sich eine Lücke ergab, wechselte er die Spur, überholte die meisten anderen Autos – und landete letztendlich doch nur vor der nächsten roten Ampel. Ich fragte mich, was er noch alles in seinem Leben erfahren würde und an welchem Punkt er möglicherweise einen Gang herunterschalten und das bemerken würde.

Jeden Tag bieten sich Gelegenheiten, um andere Menschen zu beobachten. Wenn wir dabei entspannt sind und unsere Gedanken einfach treiben lassen, können wir oft auf unerwartete Weise etwas lernen. In den zwanzig Minuten, die ich unter dem Baum saß, staunte ich über zahlreiche wunderbare Eigenschaften von Menschen und dachte über einige weniger erfreuliche Aspekte nach.

Ich sah auch eine junge Mutter, die für ihr Kind, das ungefähr vier Jahre alt war, sang. Sie schob einen Kinderwagen vor sich her, in dem noch zwei kleinere Kinder saßen, ein Baby und ein Kleinkind. Es war schon recht heiß (deshalb saß ich überhaupt im Schatten). Doch sie sang, war glücklich mit ihren drei Kindern, schob den schweren Wagen einen Hang hinauf und ging ihren Verrichtungen nach, während neben ihr die Autofahrer ungeduldig im Verkehr saßen. Was für einen Unterschied doch die innere Einstellung bewirken kann!

Ich fragte mich, was für Geschichten die Menschen, die an mir vorbeizogen, während ich unter dem Baum saß, mit sich herumtragen mochten. Man könnte unzählige Bücher oder Filme aus den Leben allein jener Menschen produzieren, die an dieser kleinen Kreuzung vorbeikamen. Das führte mich zum Gedanken, wie schön die Menschheit doch ist, und ich dachte voller Mitgefühl an uns Menschen als Spezies. Wir haben unzählige Fehler begangen und bedürfen zweifellos unseres eigenen Mitgefühls sowie des der anderen. Und doch sind wir auch und gerade in unserer Menschlichkeit schön, wenn wir versuchen, unser Leben in den verrückten Gesellschaften, die wir geschaffen haben, auf die Reihe zu bekommen. Ich hoffe bloß, dass wir als Spezies mit den Veränderungen fortfahren, die für das Überleben und das Wohlbefinden unserer Spezies und unseres herrlichen Planeten notwendig sind.

Jeder hat eine eigene Geschichte. Keiner von uns kennt

die ganze Geschichte eines anderen. Aber in jedem steckt ein guter Kern, sogar in denjenigen, die noch keinen Zugang dazu gefunden haben, die bislang nur ihre unangenehmen Seiten hervorkehren. Sogar in ihnen steckt etwas Gutes.

Einmal innezuhalten, um andere Menschen zu beobachten, ist etwas Wunderbares. Noch besser ist es, wenn sich die Gelegenheit dazu ganz unerwartet ergibt.

Ihnen allen einen wunderschönen Tag, liebe Freunde, und wenn Sie merken, dass jemand Sie beobachtet, dann denken Sie daran, dass Sie ihm unbewusst vielleicht zu einer unerwarteten Einsicht verholfen haben, einzig und allein deshalb, weil Sie gerade in seinem Leben aufgetaucht sind.

Wir sind alle stärker miteinander verbunden, als wir jemals begreifen werden. Wir haben mehr gemeinsam, als uns bewusst ist. Und vor allem sind wir alle viel bewundernswerter, als wir je begreifen werden.

44 Die drei Soprane

Die Weide steht wieder in vollem Laub, und der Frühling geht schnell in den Sommer über. In dieser Woche habe ich meine Morgenspaziergänge auf die Zeit vor sieben Uhr verlegt, da kurz darauf bereits die Tageshitze aufzieht. Nun laden eher das Meer und der Fluss zu einem Bad ein.

Wenn sich der Frühling entfaltet, ist auch die Zeit für Geburt und Neuanfang. Wie bereits erwähnt, ist in dieser Gegend der Gartenfächerschwanz, der sogenannte Willy Wagtail, mein Lieblingsvogel. Bei den Aborigines heißt es zwar, diese Vögel würden Geheimnisse stehlen, aber ich habe Vertrauen zu diesem speziellen Exemplar und genieße unsere Freundschaft sehr.

In diesem Jahr hat Willy Wagtail ihr Nest in meinen Carport gebaut, so dass mein Transporter eine Weile lang täglich von ein paar Klümpchen Vogelkot verunziert wurde. Doch meine Geduld zahlte sich aus, als vor ein paar Wochen drei kleine Köpfchen über den Rand des Nestes lugten.

Von da an wuchsen sie mit unglaublicher Geschwindigkeit. Zwei Tage, nachdem sie mit den Köpfen über den Nestrand blicken konnten, hatten sie kaum noch Platz darin und stapelten sich förmlich übereinander. Am nächsten

Abend, zu der Zeit, in der der Sonnenuntergang auf der Veranda am schönsten ist, waren sie nicht mehr im Nest, sondern saßen alle drei auf einem Geländer daneben. Ich stand einfach nur da und betrachtete sie mit verzücktem Staunen. Es war das erste Mal, dass sie ihr Nest verlassen hatten, und ich war dabei.

Am nächsten Morgen stellte ich erstaunt fest, dass ich noch nicht einmal mehr zum Stellplatz gehen musste. Alle drei hockten auf dem Zaun vor dem Cottage. Es war der Tag, an dem sie anfingen zu fliegen, und wie eine stolze Mutter schaute ich ihnen hocherfreut zu. Seitdem habe ich sie auf den Bäumen weiter unten in Flussnähe beobachtet. Aber sie tummeln sich auch recht oft in der Nähe der Veranda. Da ihre Mutter mir vertraut, haben sie gelernt, es ihr gleichzutun.

Gartenfächerschwänze beherrschen zwei Melodien. Eine ähnelt dem Sprechen. Es klingt in etwa wie ch-ch-ch. Die andere ist Gesang. Willy Wagtails benutzen den Sprechmodus, um andere Vögel einzuschüchtern. Sie tun alles, um ihr Territorium zu verteidigen, und legen sich dafür auch mit weitaus größeren Vögeln an, wie den Kookaburras. Aber sie nutzen ihn auch, um miteinander zu kommunizieren. Und dann ist da noch ihr Gesang.

In den ersten anderthalb Wochen sangen die Jungvögel noch nicht. Sie flogen vor mir her, wenn ich spazieren ging, aber ohne zu singen. Vor ein paar Tagen war es dann so weit. Ich hörte sie singen.

Ich war begeistert, als ich sah, dass sie die Entdeckung ihrer eigenen Stimme genauso genossen wie ich, ja, es gefiel ihnen so gut, dass sie gar nicht wieder aufhören konnten. Als ich am nächsten Morgen um halb vier einen der Jungvögel hörte, wie er anfing zu singen, und damit sogar noch die Kookaburras schlug, die sonst immer die Ersten sind, musste ich mitten im Schlaf lächeln. Sein einsamer Freudengesang scholl in die Nacht hinaus, begleitet wurde er lediglich von den Fröschen, die am Bach eifrig ihre eigenen zauberhaften Lieder anstimmten.

Heute Morgen kam die ganze Familie Wagtail zu Besuch. Sie beschenkte das Cottage und die Nachbarschaft mit einer ungemeinen Klangfülle in perfekter Harmonie, während sie sangen und sangen. Es war beglückend.

Nun hat die Welt drei neue Sänger, und das ist wunderbar. Drei zusätzliche Klänge für unsere Ohren, drei zusätzliche Sänger für den Chor der Welt.

Es ist, als hätte ich meine ganz persönliche Spielart der »Drei Tenöre«, wobei es definitiv keine Tenöre sind. Ich sollte sie lieber die »Drei Soprane« nennen. Ja, das passt gut: »Die drei Soprane mit ihren flauschigen Federn.«

Wenn Sie nicht das große Glück haben, fast ganz in der Natur zu leben, ist Ihnen vielleicht nicht einmal bewusst, dass einige der Vögel, deren Gesang Sie gerade hören, möglicherweise zum allerersten Mal singen. Doch jeder Vogel muss irgendwann zum ersten Mal ein Lied anstimmen.

Wenn bei Ihnen also gerade Frühling ist, machen Sie sich bewusst, dass Sie möglicherweise eine funkelnagelneue Melodie hören. Und wenn dort, wo Sie leben, der Frühling erst noch Einzug halten wird, behalten Sie das im Hinterkopf. Viele Vögel, die genau wie alle anderen ihrer Art aussehen, sind möglicherweise erst ein paar Wochen alt und fangen vielleicht zum allerersten Mal an zu singen. Was auch immer sie Ihnen vorsingen werden, wird herzerquickend sein.

Das Leben ist um so vieles schöner, wenn Sie sich hin und wieder gestatten, innezuhalten und einfach *zuzuhören*.

45   Vom richtigen Zeitpunkt

Anfang der 1990er Jahre lebte und arbeitete ich ein paar Jahre auf einer tropischen Insel. Das war wirklich einer der schönsten Orte auf Erden. Regenwald bedeckte Täler und Höhen. Die Insel war von Korallenriffen umgeben, und das Große Barrierriff war nur eine kurze Bootsfahrt entfernt. Es gab eine üppige Tier- und Pflanzenwelt. Freude in Hülle und Fülle.

Wenn man über kein eigenes Boot verfügte, kam man am besten mit dem Wassertaxi zur Insel. Es gehörte einem auf dem Festland angesiedelten Familienbetrieb und fuhr mehrfach am Tag Angestellte, Feriengäste oder Tagesausflügler hin und her. Die Zeiten auf dem Fahrplan waren in »North-Queensland-Zeit« angegeben, was so viel hieß wie: Sie stimmten nie.

Die Gegend dort ist heiß und feucht, und alles geschieht etwas langsamer. Es dauerte seine Zeit, bis die Passagiere und das Gepäck ausgeladen waren. Manchmal klappte es reibungslos, manchmal nicht. Für mich als relativ pünktlichen Menschen war dies eine großartige Lektion in Sachen Loslassen und Lernen, sich treiben zu lassen. Darüber hinaus lernte ich vieles, was mir im Leben nützlich sein sollte, als ich später wieder auf dem Festland lebte. Ich war zuvor auch nicht besonders steif gewesen, aber als ich die Insel wieder verließ, war ich auf alle Fälle viel gelassener.

In der geschäftigen Welt von heute gewöhnen sich viele Menschen an, ihr ganzes Leben nach der Uhr auszurichten, oft auf die Minute genau. Doch das Leben funktioniert nicht so. Zumindest nicht, wenn man es in toto betrachtet. Die Zeit ist eine vom Menschen geschaffene Einrichtung, die das Licht und Dunkel, welches auf die natürliche Bewegung unseres Planeten zurückgeht, in Stunden, Tage, Wochen etc. unterteilt. Das ermöglicht es der Menschheit, mit einer gewissen Kontrolle zu agieren bzw. es zumindest zu versuchen.

Das Leben oder Gott oder das Universum arbeitet jedoch nach seinem eigenen Plan, und je mehr Sie loslassen und darauf vertrauen, desto mehr gestatten Sie den Dingen, dass sie wirklich fließen können. Wenn Sie Ihr Leben auf vertrauensvollen Glauben gründen, werden Sie im Laufe der Zeit erkennen, dass die Dinge genau dann zu Ihnen kommen, wenn Sie sie brauchen; selten geschieht das schon vorher. Nur unsere Angst verlangt danach, dass sie bereits früher Gestalt annehmen.

Was immer Sie brauchen, wird tatsächlich kommen, wenn es nicht durch Angst oder Gewalt abgeschreckt wird. Sie können versuchen, mit dem Leben zu feilschen und jeden einzelnen Schritt zu kontrollieren, aber wenn Sie Ihr Leben mutig angehen und somit Wundern Raum geben, lernen Sie, dass die Dinge gemäß der Zeit Gottes geschehen, nicht gemäß der Ihren. Und wenn sie das tun, wird es vollkommen und richtig sein, trotz all der Ängste, die bis dahin möglicherweise versucht haben, diese Vorstellung zu widerlegen.

Möglicherweise kommt Ihnen in »letzter« Minute das nötige Geld zu, wie aus dem Nichts. Der Kontakt, den Sie brauchen, tritt in genau dem richtigen Moment in Ihr Leben. Ein Fahrzeug taucht aus einer Ecke auf, mit der Sie nie gerechnet hätten. Solche Wunder geschehen jeden Tag. Das haben sie schon immer getan und werden es immer tun. Auch jetzt, während Sie diese Zeilen lesen, vollzieht sich gerade irgendwo für irgendwen ein Wunder.

Im Vorfeld der Geburt meiner Tochter wuchsen meiner Arbeit plötzlich Flügel, sie entfaltete eine enorme Eigendynamik. Über vierzehn Jahre hinweg hatte ich Konzentration, Entschlossenheit und viel Arbeit investiert, um mein Schaffen an diesen Punkt zu bringen. Als es dann aber losging, war kein Halten mehr. In den ein, zwei Jahren davor zeichnete sich ab, dass ich ein zunehmend größeres Publikum finden würde, und ich wuchs problemlos in diese Situation hinein, da ich bereit war. Dennoch hatte ich keine Vorstellung, wie viel Druck auf mich zukommen würde, als einige der weltweit größten Tageszeitungen über mich berichteten.

Ungefähr drei Wochen zuvor war ich auf die Website von Hay House in Australien gegangen und hatte mich gefragt, ob sie mir wohl einen Vertrag anbieten würden. Ich hatte bereits auf eigene Faust bei einem Imprint der Verlagsgruppe etwas veröffentlicht, und zwar einzig und allein deshalb, um die Aufmerksamkeit von Hay House auf mich zu lenken. Ich wünschte mir sehnlichst, von ihnen verlegt zu werden, weil ich auf bewusste und ethische Weise tätig sein wollte, statt einfach nur irgendwie Geld zu verdienen. Der Trubel wurde immer größer. Ich wünschte mir Unterstützung, die ich auch nötig hatte, um die Balance nicht zu verlieren.

Die Erfolgssträhne hielt an und explodierte dann genau zu dem Zeitpunkt, als ich im Begriff war, Mutter zu werden. Statt mit den Wehen einfach im Krankenhaus zu liegen und das unfassbare, besondere Ereignis, das sich bald vollziehen würde, zu genießen, gab ich am Handy Interviews und wehrte weitere Medienanfragen ab – während mein Körper mit den Wehen zu tun hatte.

Gegen Mitternacht schaltete ich schließlich mein Handy aus, klappte den Deckel meines Computers zu und gestattete mir, nun das Geschenk zu genießen, das sich gerade vollzog. Im Halbdunkel des Krankenhauszimmers schickte ich ein Gebet zum Himmel und bat um Hilfe für den geschäftlichen Teil meines Lebens. Statt den Erfolg zu genießen, spürte ich Traurigkeit. Der Erfolg verhinderte, dass ich ganz präsent bei dem war, was für mich viel wichtiger war – mein Baby. Ich wollte vor allem und zuallererst Mutter sein. Dafür brauchte ich Zeit und sehnte mich danach, die Zügel meiner Arbeit jemand anders zu übergeben.

Am nächsten Morgen brachte ich meine entzückende Tochter zur Welt. Als unsere Blicke sich zum ersten Mal ineinander verfingen, überkam mich ein so überwältigendes Gefühl der Liebe, dass alles Übrige aus meinem Bewusstsein verschwand. Nichts anderes zählte.

Den ganzen Tag lang ließ ich den Computer ausgeschaltet. Aber als ich mein Telefon wieder anschaltete, um meiner Familie und meinen Freunden Bescheid zu geben, warteten bereits die nächsten Medienanfragen und übten Druck auf mich aus. Also schaltete ich das Handy wieder aus, nachdem ich meine privaten Anrufe erledigt hatte, und vertraute darauf, dass es mir schon irgendwie gelingen würde, einen Weg durch das Ganze zu finden. Ich war für den Erfolg dankbar, zugleich war ich fest entschlossen, dass diese besondere Zeit der Mutterschaft dadurch nicht beeinträchtigt werden sollte.

Am nächsten Morgen befand ich mich immer noch im Krankenhaus; ich war im Nachthemd, neben mir lag mein kleines Mädchen, das gerade mal einen Tag alt war. Die Erschöpfung vom Vortag und meiner ersten Nacht mit ihr (sowie die Erkenntnis, was Schlafmangel wirklich bedeutet) überkam mich. Dann, wie aus dem Nichts, klingelte plötzlich mein Telefon. Ich nahm ab und hörte eine wunderbare, fröhliche Stimme, mit der sich der Geschäftsführer von Hay House Australia vorstellte. Und sogleich bot er mir einen internationalen Verlagsvertrag an. Großartig!

Ja, der richtige Zeitpunkt ist wirklich etwas Wunderbares. Unterschätzen Sie nie den Umstand, dass das, was Sie brauchen, bereits zu Ihnen unterwegs ist. Doch es kommt in Gottes Zeit und nicht unbedingt, wann Sie es bestimmen. Diese wundervolle göttliche Quelle hat das große Ganze im Blick und ein völlig anderes Verständnis vom richtigen Zeitpunkt als wir Menschen.

Wenn Sie in Ihrem Leben ernsthaft sich selbst treu bleiben wollen, dann sollten Sie Platz für Wunder lassen. Dafür werden Sie Vertrauen und ein gewisses Maß an Hingabe benötigen und lernen müssen, an die Vollkommenheit des göttlichen Zeitmaßes zu glauben. Wenn Ihnen das gelingt, erschaffen Sie das Leben, nach dem Ihr Herz sich sehnt. Dann können Sie am Ende Ihres Lebens in Frieden zurückblicken, weil Sie authentisch, tapfer und vertrauensvoll gelebt haben.

Glauben Sie an den richtigen Moment. Er ist vollkommener, als Sie ahnen.

46 Vielfalt und Farbe

Lila war immer meine Lieblingsfarbe. Jahrelang liebte ich diese Farbe. Es gab eine Phase, in der ich mit Freunden, die etwa um die gleiche Zeit wie ich Geburtstag hatten, »Purple Passion Parties« feierte. Es gab lila Torten, lila Cocktails, lila Nachspeisen, und natürlich waren alle lila gekleidet. Ich mag Lila immer noch sehr gern, aber ich bin mir nicht mehr sicher, ob es meine Lieblingsfarbe ist. Mittlerweile gibt es keine Farbe, die ich den anderen vorziehe. Ich liebe alle Farben!

Für unser Zuhause habe ich vier Farben ausgewählt. Eine befreundete Innenarchitektin hat mir den Tipp gegeben, dass es ganz toll wirkt, wenn man – für den Fall, dass man eine schöne Aussicht hat – die betreffende Wand dunkler streicht und so eine Art Rahmen für den Blick schafft. Während also unser Wohnzimmer in einem fröhlichen, aber nicht zu intensiven Gelb gestrichen ist, ist die Wand zu den Bergen hin in einem satten Karmesinrot gehalten. Das funktioniert wunderbar, obwohl ich ursprünglich gedacht hatte, dass die Farbe eher in Richtung eines Aubergine-Tons gehen würde. Als ich die Farbe an der Wand sah, war ich überrascht, wie stark der Ton von dem Farbmuster abwich. Aber das machte nichts. Ich gewöhnte mich dran.

Ob die Farben nun so sind, wie wir es uns vorgestellt haben, oder nicht – je nach Lichteinfall verändern sie sich im Laufe des Tages ohnehin. Sie wären also auch sonst nie *genau so* gewesen, wie ich es erwartet hatte.

Das Gleiche trifft auf die Beleuchtung zu und die jeweiligen Blickwinkel, unter denen wir unser eigenes Leben betrachten.

Wenn die Dinge anfangen, sich zu verändern, und eine Eigendynamik entwickeln, finden Sie sich in Ihr neues Leben vorsichtig hinein. Allmählich kommt es Ihnen natürlicher vor, und Sie fühlen sich wohler. Auch in Ihrem physischen Leben vollziehen sich fortwährend Veränderungen. Das liegt daran, dass die Bemühungen und die Konzentration, die Sie zuvor aufgewendet haben, sich nun auch auf Ihr Unterbewusstsein auswirken, also auf jenen Teil von Ihnen, der dann tatsächlich anzieht, was Sie brauchen.

Allerdings wird unser Unterbewusstsein von Geburt an programmiert, und folglich gibt es alte Muster, die von Zeit zu Zeit hochkommen. Vielleicht haben Sie in einer Phase, in der es eigentlich gut läuft, einen schlechten Tag, aber das müssen Sie nicht als großes Unglück werten. Es ist nichts weiter als eine kleine Unebenheit auf dem Weg. Ihr altes Denken will daraus vielleicht ein Drama machen und Ihnen einreden, Sie hätten überhaupt keine Fortschritte gemacht, doch das haben Sie. Nutzen Sie Kontrasterfahrungen auf positive Weise. Sie sind ein wesentlicher Teil des Lebens und helfen Ihnen dabei, für sich zu bestimmen, was Ihnen besonders wichtig ist und wonach Sie sich am meisten sehnen.

Schreiben Sie Tagebuch oder sehen Sie sich alte Fotos an – auf diese Weise wird Ihnen bewusst, wie weit Sie tatsächlich schon gekommen sind. An Tagen, an denen Sie sich selbst infrage stellen, sollten Sie vermeiden, in alte, kontraproduktive Gedankenschleifen zu verfallen, sondern sich lieber selbst Mut zusprechen. Erkennen Sie an, dass Sie sich wacker schlagen. Sie bemühen sich um Veränderungen. Sie geben sich wirklich Mühe. Sie sind auf dem Weg, zu dem Menschen zu werden, der Sie sein möchten. Glauben Sie mir, wenn man sich Mühe gibt, wird das Leben dies lohnend anerkennen. Je schneller Sie also jene alten unnützen Gedanken abschütteln, desto schneller werden Sie innerlich wieder weitermarschieren.

Aus welchem Blickwinkel wir unser Leben betrachten, ist die Folge ganz bewusster Entscheidungen. Diese Entscheidungen beeinflussen ihrerseits das Unbewusste, und zwar durch jeden einzelnen Gedanken, jeden Moment, Tag für Tag. Ihr Unterbewusstsein glaubt an das, womit Sie es füttern, was auch immer das sein mag. Also versorgen Sie es gut mit Zuspruch und Selbstliebe, in dem Wissen, dass Sie tatsächlich Fortschritte machen. Verlieren Sie Ihre Absichten und das Leben, um dessentwillen Sie hier auf Erden sind, nicht aus dem Blick. Unebenheiten unterwegs gehören dazu, müssen aber nichts weiter bedeuten. Das Unbewusste wird weiterhin das anziehen, worauf Sie sich konzentrieren – also richten Sie Ihre Aufmerksamkeit auf positive Veränderungen und fahren Sie fort, sich in Ihren Traum hineinzufinden.

Unebenheiten und Umwege wird es geben. Aber Sie müssen darin nicht gleich das Ende der Welt oder das Ende Ihrer Träume sehen, denn das sind sie nicht. Und wenn Sie die Dinge nicht aus einem vollkommenen Blickwinkel sehen oder Sie nicht den Farbton sehen, auf den Sie gehofft hatten, vielleicht sind ein etwas anderer Blickwinkel oder Farbton gar nicht mal so schlecht. Ihre Bereitschaft, kleine Veränderungen Ihrer Vorstellungen hinzunehmen, könnte sich auf lange Sicht sogar als deutlicher Vorteil erweisen. Vertrauen Sie immer darauf, dass Herausforderungen Ihnen zu neuen

Einsichten verhelfen können. Sie sind immer noch auf dem richtigen Weg.

Falls Ihnen also am Morgen ein paar Farbtöne begegnen, die Sie lieber nicht sehen möchten, vertrauen Sie darauf, dass Sie etwas später am Tag die Dinge möglicherweise anders betrachten. In jeder Situation steckt etwas Gutes. Worauf Sie Ihre Aufmerksamkeit richten, was Sie Ihrem Unterbewusstsein eingeben und folglich was Sie zu sich heranziehen – all das hängt von Ihnen und der Perspektive ab, aus der Sie aufs Leben blicken.

Lassen Sie zu, dass aus Ihrem Leben ein Farbspektakel wird. Es gibt so viele fantastische Farbtöne zu entdecken.

Sie müssen bloß Ihre Augen öffnen und die Schönheit wahrnehmen.

47   »Was«, nicht »wie«

Als ich nach ein paar Tagen Abwesenheit wieder zur Farm zurückkehrte, bemerkte ich, dass es in der Zwischenzeit stark geregnet hatte. Die Auffahrt war glitschig, das Gras daneben stand unter Wasser, und der Bach trat über die Ufer. Natürlich mag ich es, wenn er so viel Wasser führt, weil ich dann sein Rauschen nachts, wenn alles still ist, in meinem Schlafzimmer hören kann.

Manchmal muss ich dann den Transporter auf der anderen Seite des Bachs abstellen, für den Fall, dass das Wasser noch höher steigt und die wackelige Brücke fast ganz überschwemmt. Das kommt selten genug vor, und der Marsch in Gummistiefeln lohnt sich allemal. Das Leben auf dem Land ist in vielerlei Hinsicht schön. Es stört also gar nicht, wenn man sich in solchen Zeiten ein wenig auf die Natur einlassen muss.

Die Kraft der Natur beherrscht tatsächlich alles. Man muss sich nur einmal ansehen, was für enorme Auswirkungen ein Wechsel der Wetterlage mit sich bringt. Doch mit Natur meine ich nicht nur Bäume oder den Ozean. Für mich ist Natur gleichbedeutend mit Gott, dem Universum, Dhamma oder welchen Namen auch immer Sie dem Großen Geist geben möchten, der in uns und überall um uns herum waltet.

Zwar werden zahlreiche Menschen, Tiere oder Pflanzen Opfer unterschiedlicher Naturgewalten, wie Änderungen der Wetterlage, Erdbeben, Tsunamis oder zahlreiche andere Vorkommnisse, andererseits empfangen auch viele Menschen, Tiere und Pflanzen Gutes durch die Kräfte der Natur. Zudem sollten wir uns täglich in Erinnerung rufen, dass das Leben viele Menschen segnet, indem Gebete auf unerwartete Weise erhört werden.

Sie tun alles, was in Ihrer Macht steht, um das Leben Ihrer Träume zu erschaffen. Sie arbeiten auf Ihre Ziele hin. Sie ergreifen die Maßnahmen, die Ihnen möglich sind. Sie schicken Ihre Gebete und Absichten, ebenso wie Ihre Dankbarkeit hinaus ins Weite. Immer wieder zu lernen, dass wir dann loslassen und darauf vertrauen müssen, dass das, was wir brauchen, auf eigene Weise zu uns kommt, gehört zu den schwersten Dingen im Leben überhaupt; es fällt uns schwer, uns daran zu erinnern und es immer wieder umzusetzen, zumindest so lange, bis es uns zur Gewohnheit geworden ist.

Wie die Dinge zu Ihnen kommen, liegt letzten Endes jedoch in Gottes Hand. Glücklicherweise sind die kreativen Möglichkeiten des Universums phänomenal. Die meisten Menschen hemmen den Fluss der Dinge, indem sie sich zu sehr auf das »Wie« statt auf das »Was« konzentrieren. Doch wenn wir auf die Weisheit des Universums vertrauen, dann wird das Leben nicht nur viel freudvoller, sondern auch einfacher.

Es passiert uns immer mal wieder, dass wir das Leben zu ernst nehmen. Doch das Leben kann ein rundum schöner und freudiger Prozess sein, wenn Sie es nur zulassen; ein Leben zum Jubeln.

Vor meinem Fenster ist ein Vogel der gleichen Ansicht, sein lieblicher Gesang segelt auf einem Sonnenstrahl in mein Arbeitszimmer. Er singt aus reiner Lebensfreude. Er versteht, dass das Wie der Dinge unerheblich ist. Das ist die Aufgabe Gottes, und er erledigt sie perfekt.

Wie gesegnet wir alle doch sind – insbesondere, wenn wir uns darauf besinnen, loszulassen und uns Gott zu überlassen!

48 Wünsche im Wind

Ich habe keine Ahnung, wo der Mythos oder die Vorstellung herkommt, dass, wenn man Pusteblumen in den Wind bläst und sich dabei etwas wünscht, dieser Wunsch in Erfüllung geht. Jedenfalls habe ich infolgedessen in meiner Kindheit unzählige weiße Schirmchen in den Wind gepustet, wie so viele andere Kinder.

Als Erwachsene hat sich daran für mich nicht allzu viel geändert. Manchmal verschicke ich meine Wünsche noch immer auf diese Weise. Es macht Spaß, Wünsche dem Wind zu übergeben. Manchmal ist das, was man sich wünscht, nur ein kurzfristiges Verlangen oder ein scherzhafter Wunsch. Doch manchmal wünscht man etwas von ganzem Herzen, und man schickt eine inständige Bitte voller Sehnsucht los.

Es gibt Leute, die denken, dass sie dies oder jenes unbedingt brauchen, um glücklich zu werden, wenn sie ihren Wunsch in den Wind schicken. Ein gutes Beispiel dafür ist die Äußerung einer meiner Freundinnen vor ein paar Jahren. Sie sagte, dass es sie wahrhaft glücklich machen würde, wenn sie schönen Schmuck besäße. Anscheinend war sie der Ansicht, dass goldene Ketten um Handgelenk und Hals ihr Glück wären. Ich lachte mit ihr, obwohl sie es ernst meinte.

Zum Glück konfrontierte das Leben sie mit zahlreichen Lektionen, und ihre Prioritäten haben sich im Laufe der Jahre erheblich verschoben. Heute ist sie viel glücklicher (und besitzt immer noch nicht viel Schmuck).

Natürlich ist erst das Glück da, dann folgt der Rest. Viele glauben, dass sich bestimmte Ereignisse von selbst ergeben oder gewisse Dinge zu einem kommen müssen, bevor man glücklich sein kann, dabei ist es genau umgekehrt: Wenn Sie das Glück in sich selbst gefunden haben, unabhängig von den äußeren Umständen, dann fließt Ihnen alles von allein zu.

Als ich neulich mit einem alten Freund über die herrlichen Wechselfälle des Lebens sprach, die wir zu dem jeweiligen Zeitpunkt oftmals gar nicht zu schätzen wissen, lachte er begeistert und sagte: »Absolut! Zum Glück habe ich im Leben nicht alles bekommen, was ich mir gewünscht habe! Gott sei Dank!« Im Rückblick war ihm klar, wie viel interessanter und befriedigender sein Leben geworden war, als er davon abließ, das Ergebnis beeinflussen zu wollen. Als das, was er sich eigentlich gewünscht hatte, nicht eintraf, wartete das Leben mit Überraschungen für ihn auf, die weitaus besser waren.

Wenn wir die Lektionen offen aufnehmen und uns vertrauensvoll dem Gedanken überlassen, dass alles, was geschieht, zu unserem Besten ist, dann wird das Leben viel natürlicher fließen und uns gegenüber weitaus großzügiger sein. Natürlich hat es eine gewisse Symbolik, wenn Sie Ihre Wünsche in den Wind pusten, und Rituale setzen ihrerseits Energien frei.

Manchmal kommt es allerdings vor, dass die Wünsche in einer anderen Größenordnung oder Gestalt eintreffen, als Sie es erwartet hatten. Aber es sind immer noch Ihre Wünsche, die in Erfüllung gegangen sind. Sie können Ihrem Herzen die

Gefühle schenken, nach denen es sich sehnt, sogar mehr als das. Ihr Wunsch wurde erhört. Aber werden Sie es bemerken?

Oft erkennen die Menschen es nicht, weil sie zu sehr damit beschäftigt sind zu kontrollieren, dass sich das Ergebnis haargenau so einstellt wie geplant. Dieser Zwang, alles zu kontrollieren und zu sagen, ich will, dass es auf *genau* diese oder jene Weise geschieht, produziert nur Leid, Widerstand und Herzschmerz – völlig unnötig. Das Einzige, was nötig wäre, sind Hingabe und Vertrauen. Beides kostet manchmal Kraft, aber das ist alles, was man braucht.

Wenn Sie also das nächste Mal mit einer Pusteblume einen Wunsch in den Wind schicken, geben Sie ihm die Chance, dass er seinen eigenen Weg in seiner eigenen Zeit zurückfindet. Geben Sie ihm die Chance, dass er sich auf seine vollkommene Weise verwirklicht. Und früher oder später werden Sie sich freuen, dass er in eigener Gestalt wiedergekehrt ist und nicht so, wie Sie es sich ursprünglich gewünscht hatten.

Ihre Wünsche werden erhört und entfalten sich zu ihrer Zeit.

49　Das Wunder des Körpers

Über die Jahre hinweg habe ich immer wieder erlebt, wie intelligent das Selbstheilungssystem unseres Körpers ist. Man muss nur beobachten, wie schnell ein Körper auf den Reparaturmodus umschalten kann, egal, ob es um einen harmlosen Schnitt in die Hand geht oder um das Abstoßen von unbekömmlicher Nahrung. Der Körper *will* sich selbst heilen. Manchmal schafft er das allein, und manchmal benötigt er zusätzliche Unterstützung von Ihnen.

Ich empfand meinen Körper immer als fantastischen Freund. Im Laufe der Zeit ist mir klar geworden, wie deutlich er sich mitteilt, um meine körperliche und emotionale Gesundheit bestmöglich im Gleichgewicht und am Funktionieren zu halten. Als treue Freundin tue ich, was ich kann, um dem weisen Rat, den er mir regelmäßig erteilt, nachzukommen. Zudem achte ich darauf, welche Segnungen oder Lektionen eine Krankheit mit sich bringt, und arbeite damit, während ich durch meine eigene Heilung geleitet werde.

Jeder Körper ist unterschiedlich und reagiert auf unterschiedliche Bedürfnisse und Lebensstile. Vor 25 Jahren wurde mir klar, dass der Verzehr von Fleisch meinem Körper (beziehungsweise meiner Weltanschauung) nicht guttat.

Zehn Jahre später habe ich einige Monate lang auch Milchprodukte weggelassen und stellte fest, wie sehr eine vegane Ausrichtung einer ungestörten Funktionsweise meines Körpers entgegenkam. Ich habe es nie bereut.

Ich weiß nicht, ob ein solcher Lebensstil jedem Körper guttut oder nicht. Genau das macht uns ja individuell und herrlich einzigartig. Sie haben das Recht, auf Ihren Körper zu hören und dem Rat, den er Ihnen gibt, zu folgen. Ich habe im Laufe der Zeit gelernt zu verstehen, was mein Körper braucht, und darauf zu hören. Aber die Dinge ändern sich auch im Lauf der Zeit, weil der Körper seiner eigenen Entwicklung folgt.

Sie erweisen Ihrer Gesundheit die größte Ehre, wenn Sie auf Ihren Körper hören und den Rat, den er Ihnen erteilt, annehmen. Viele meiner Patienten, die ich bis zu ihrem Tod begleitet habe, sagten, sie wünschten, sie hätten mehr auf ihren Körper gehört. Es geschieht leicht, die Anzeichen einer Krankheit zu ignorieren, zumindest anfangs. Aber der Körper spricht von der Warte der Liebe aus, und wenn Sie nicht zuhören, gibt es auch keine Garantie dafür, dass Ihre Gesundheit Sie weiterhin begleitet.

Eines Tages müssen wir alle sterben. Wenn Sie versuchen, gesund zu bleiben, und Ihren Körper mit gebührendem Respekt behandeln, heißt das nicht, dass Sie Ihren unvermeidlichen Tod leugnen. Es geht vielmehr darum, dass Sie während der Zeit, die Ihnen zum Leben geschenkt wurde, das Beste aus Ihrem Leben machen. Es liegt ganz an Ihnen, wie Sie mit sich umgehen. Kluge Entscheidungen werden mit Gesundheit und Eigenständigkeit belohnt.

Jedem von uns steht es zudem frei, seinen eigenen Weg zur Heilung zu finden. So wie Sie sich Ihre Religion, Ihre Weltanschauung und Ihren Lebensstil aussuchen können, so werden Sie auch Ihren eigenen Weg zu jenen Lektionen und jener Weisheit finden, die zu entdecken Sie hier sind. Vielleicht lesen Sie diverse Bücher, die aus vollkommen unterschiedlichen Richtungen zu kommen scheinen, aber wenn Sie den Dingen auf den Grund gehen, ist die Wahrheit immer die gleiche. Wenn Ihnen das einleuchtet, dann wissen Sie, dass Sie für Ihre Heilung das richtige Buch oder den richtigen Weg gefunden haben.

Auch wenn eine Krankheit weit verbreitet ist und viele Menschen trifft, wie der Weg zu ihrer Heilung aussieht, ist stets eine individuelle Entscheidung. Wie auch immer er verläuft, er bringt stets etwas Positives mit sich, selbst wenn der Körper auf diese Weise mit einem kommuniziert. Jede Krankheit bietet immer auch die Chance zu einem emotionalen Heilungsprozess; oft ist es so, dass sich der Körper schnell wieder erholt, sobald es Herz und Geist deutlich besser geht.

Der Körper und seine natürlichen Funktionssysteme sind wirklich erstaunliche Schöpfungen. Wenn Sie einmal innehalten und sich alles ins Bewusstsein rufen, was jede Minute oder jeden Tag in Ihnen geschieht, kann Sie das auf die bestmögliche Weise überwältigen.

Während meine Lunge weiteratmet und meinen ganzen Körper mit Sauerstoff versorgt, ohne mich darum bitten zu müssen, und während meine Ohren auf den Gesang der Vögel um mich herum lauschen, bin ich meinem Körper dankbar, dass er ebendieses unvorstellbar intelligente Gebilde ist.

Was für ein unglaubliches Geschenk unsere herrliche Veranlagung doch ist! Ist sie es nicht wert, dass wir sie hegen und pflegen?

50 Auf die Worte achten

Wieder einmal bin ich der Ansicht, dass die Natur die beste Lehrerin ist. Jeden Tag beobachte ich Dinge in der Natur, die Lehren auch für unsere menschliche Welt bereithalten. (Natürlich ist die menschliche Welt ein Teil der natürlichen Welt, aber mitunter vergessen wir das.)

Ich war mit dem Auto unterwegs, als ich mitten auf der Straße einen kleinen Vogel sah, offenkundig verletzt. Obwohl ständig Autos vorbeifuhren, näherte sich ihm immer wieder ein größerer Vogel und pickte auf den kleinen Vogel ein, der offensichtlich im Begriff war zu sterben, aber noch nicht ganz tot war. Leider fuhren hinter mir andere Autos, so dass ich nicht anhalten konnte, aber als ich zehn Minuten später auf meinem Rückweg an der gleichen Stelle vorbeikam, stellte ich erleichtert fest, dass der kleine Vogel nun tatsächlich tot war und es somit nicht länger ertragen musste, dass auf ihm herumgepickt wurde.

Ich musste an eine andere, ähnliche Situation denken. Eine Freundin aus England war gerade zu Besuch, wir waren in Brisbane, und ich zeigte ihr die Stadt. Da entdeckten wir eine Entenmutter mit acht Entenküken, die hinter ihr herwatschelten. Vor lauter Begeisterung über die Anmut dieser Szene gurrten wir geradezu, als plötzlich eine riesige schwarze Krähe herabschoss, sich das letzte kleine Küken mit ihren Krallen schnappte und davonflog. (Sie können sich vorstellen, wie uns die Gesichtszüge gefroren.)

Doch wie oft tun wir als Menschen nicht etwas Ähnliches? Die Stärksten unter uns greifen regelmäßig die Schwächeren an. Vielleicht geschieht das nicht gerade in einem Akt von Kannibalismus, aber durchaus auf verbaler und emotionaler Ebene. Doch das ist eigentlich sinnlos.

Wenn Sie mein erstes Buch gelesen haben, wissen Sie, dass ich in meinen ersten Lebensjahrzehnten fortwährend Kritik und verbaler Grausamkeit ausgesetzt war. Und so wie jemand, der tyrannisiert wird, selbst zum Tyrannen werden kann, so lernte auch ich, andere zu kritisieren. Nicht umsonst war das eine Fähigkeit, die mir viel zu lange vorgelebt worden war. Eigentlich entspricht es meinem Wesen eher, andere Menschen aufzubauen, sie zu inspirieren. Doch in bestimmten Beziehungen gab es dermaßen eingefahrene Muster, dass ich mir manchmal angewöhnte, mit ebendiesen Mustern andere Menschen zu kritisieren.

Glücklicherweise kam ich irgendwann an einen Punkt, an dem ich mich ganz bewusst dafür entschied, entweder die Beziehungen zu beenden oder den betreffenden Menschen mitzuteilen, dass ich nicht mehr gewillt war, der Welt noch mehr solcher Energie hinzuzufügen. Es war eine ganz klare Entscheidung, ein Moment, an den ich mich gut erinnern kann, und von da an wählte ich meine Worte mit größerer Sorgfalt.

Jene Angewohnheit liegt nun zum Glück schon lange zurück. Ich habe nicht nur aufgehört, andere zu kritisieren, vielmehr habe ich auch keinen Kontakt mehr zu Menschen, die ständig Kritik üben. Kritik ist mir mittlerweile so fremd geworden, dass ich es lediglich als eine Lektion in Sachen Mitgefühl wahrnehme, wenn Unbekannte oder andere Menschen mich kritisieren – wie es eben immer mal wieder vorkommt, wenn sich ein Teil des eigenen Lebens in der Öffentlichkeit abspielt.

Nun, da ich eine so bewusste Entscheidung getroffen und frühere Gewohnheiten, die in diese Richtung gingen, abgelegt habe, scheine ich ein besonderes Sensorium für jegliche Kritik, die andere gegenüber Dritten äußern, entwickelt zu haben. Und es wundert mich nach wie vor, wie viel Energie wir in unserer Gesellschaft darauf verwenden, uns gegenseitig zu verurteilen. So wie jener Vogel mit seinem gebogenen Schnabel auf der Straße pickte und immer weiter pickte, so ist auch der menschliche Mund in der Lage, enormes Leid zu verursachen.

Wir alle haben unsere Stärken, und wir alle haben unsere Schwächen. Die bewusste Entscheidung, unsere Sprachmuster zu ändern, wird jedoch der Allgemeinheit zugutekommen. Keiner von uns ist perfekt, und je eher wir mit anderen nachsichtig umgehen, indem wir auf unsere Worte achten, desto schneller wird sich auch unser eigenes Leben zum Positiven verändern, ebenso wie das Leben der Menschen um uns herum.

Wollen Sie also der Vogel sein, der auf einem anderen, dem es schlecht geht, so sehr herumhackt, dass dieser nur noch sein Ende herbeisehnt? Oder wären Sie lieber wie die Vögel, die frei und heiter am Himmel fliegen und allen Freude bereiten, die ihren frohen Gesang hören können?

Ich weiß, wofür ich mich entscheide.

Freundlichkeit kann viel bewirken.

51 Zusammenarbeiten

Unabhängig davon, ob Sie ganz zurückgezogen leben oder kaum einen Moment für sich allein haben – es ist gesund, sich in Erinnerung zu rufen, dass da draußen viele Menschen sind, die mit Ihnen auf einer Wellenlänge liegen; Menschen, die sich von ihrem Herzen leiten lassen und die sich ebenfalls wünschen, dass die Welt für alle besser wird. Auch wenn es Zeiten geben mag, in denen Sie sich vollkommen alleingelassen und von allen missverstanden fühlen – und so haben wir alle uns schon mal gefühlt –, es tut gut, sich daran zu erinnern, dass es da draußen verwandte Seelen gibt, die Ihnen Glück wünschen, ob Sie diese Menschen in Ihrem täglichen Leben nun kennen oder nicht.

Auch Sie haben Fähigkeiten, die Sie mit anderen teilen können. In dieser positiven Gleichung werden Sie genauso gebraucht wie jeder andere auch. Doch Sie brauchen auch Strukturen, die Sie unterstützen. Manchmal sind diese ganz offensichtlich, etwa Freunde oder die Familie. Manchmal sind es Menschen mit ähnlichen Vorlieben und Gewohnheiten, etwa ein Sportclub, der Ihnen hilft, Ihre Ziele zu erreichen. Zuweilen ist es auch nicht so offensichtlich, und es kommt Ihnen so vor, als wären Sie ganz allein damit.

Dennoch geht nichts von dem, was wir erreichen, jemals auf die Leistung eines Einzelnen zurück. Oft sind die Teile eines Puzzles bereits seit Jahren vorhanden, ohne dass Sie die geringste Ahnung haben, welche Rolle bestimmte Personen, Aufgaben oder Situationen dabei spielen werden, die Dinge künftig einmal zusammenzuführen. Erst wenn Sie später auf all jene Verbindungen zurückblicken, wird Ihnen bewusst, wie viele Menschen Sie tatsächlich unterstützen, unabhängig davon, ob Sie das wussten oder nicht. Manchmal ist es auch den anderen nicht wirklich klar. Dennoch spielen sie zuweilen eine ganz wichtige Rolle, indem sie schlichtweg etwas tun, ohne groß darüber nachzudenken. Vielleicht ist es auch genau andersherum, und Sie unterstützen einen Menschen auf eine ganz wesentliche Weise, ohne dass Ihnen das so richtig bewusst ist.

Deshalb bitte ich Sie, während Sie diese Zeilen lesen: Schicken Sie all jenen, die da draußen versuchen, ihr Leben zu verbessern, all jenen, die auf ihr Glück hinwirken, in Gedanken Ihre warmherzige Unterstützung. Denken Sie auch an jene, die durch ihre Arbeit der Allgemeinheit ein Lächeln schenken, ebenso wie jene Menschen, die über die ganze Welt verstreut sind und die auch diese Geschichten hier lesen. Allein dadurch, dass Sie sich dessen bewusst sind, sorgen Sie bereits dafür, dass es auf der Welt und im Leben anderer mehr warmherzige Unterstützung gibt.

Gutes kann man nicht allein zustande bringen. Wir müssen zusammenarbeiten; einerseits gilt das in physischem Sinne, andererseits kann bereits die aufrichtige Absicht, anderen von Herzen mit Liebenswürdigkeit zu begegnen, enorm hilfreich sein. Wenn Sie selbst Unterstützung brauchen, dann vertrauen Sie einfach darauf, dass es sie da draußen gibt und dass sie sich den Weg zu Ihnen bahnen wird. Allerdings müssen Sie sich dafür auch öffnen.

Anderen zu erlauben, dass sie einem helfen, kann mitunter ganz schön schwer sein. Doch wenn wir lernen zu empfangen, gewähren wir anderen die Freude des Gebens. Wenn Sie sich dagegen sperren, etwas zu empfangen, dann behindern Sie nicht nur alles, was an Hilfe zu Ihnen strömen will, sondern Sie verwehren auch anderen diese Freude des Gebens. Und wie jeder weiß, der anderen etwas gibt, liegt darin große Freude. Allerdings fällt es oftmals jenen, die viel geben, besonders schwer, selbst etwas anzunehmen.

Manchmal sind Sie derjenige, der gibt, und manchmal müssen Sie es sein, der empfängt. Seien Sie offen für eine Zusammenarbeit auf allen Ebenen, gestatten Sie dem Fluss von Geben und Nehmen rund um die Welt, Ausgleich zu schaffen. Wünschen Sie anderen Gutes. Nehmen Sie gute Wünsche entgegen. Helfen Sie anderen. Nehmen Sie Hilfe an. Niemand kommt ganz allein zurecht, und irgendwann lernen wir alle, zu geben und zu nehmen. Dadurch bleiben die Dinge ausgewogen.

Wer sich jemals unausgeglichen gefühlt hat, weiß nur zu gut, dass es gesund ist, im Leben die Balance zu wahren. Also arbeiten wir zusammen! Wir sind doch alle miteinander verbunden. Lassen Sie uns das Beste aus unserem Leben machen. Tun wir uns zusammen!

52 Schluss mit den Sorgen!

Wenn ich an meinem Schreibtisch sitze und aus dem Fenster schaue, wandert mein Blick in der Regel zu den Bergen am Horizont. Zwischen meinem Schreibtisch und den Bergen liegt jedoch noch ein Tal, und noch dichter vor mir sind der Garten und die Bäume, die ihn zu dem machen, was er ist. Einer davon ist ein Maulbeerbaum, und jetzt im Winter trägt er keine Blätter. Doch im Frühling wird der Baum üppig belaubt sein und später unzählige saftige lila Früchte tragen.

Wieder einmal lehrt uns die Natur, dass alles Leben sich in Kreisläufen vollzieht. Wir Menschen sind ebenfalls natürliche Lebewesen, die am glücklichsten sind, wenn wir lernen, im Einklang mit unseren Lebensphasen zu fließen.

Wir werden Verlust erleben, doch wir werden auch Liebe erfahren. Es wird karge Zeiten geben, in denen es uns so vorkommt, als käme gar nichts Gutes unseres Wegs, doch es wird auch Zeiten der Fülle geben, in denen uns segensreiche Dinge direkt vor die Füße fallen. Wir werden weinen, und wir werden lachen. Es wird Zeiten geben, in denen wir wachsen und uns enorm ausdehnen, und Zeiten, in denen wir ausruhen und es genießen. Es wird Fragen geben, doch ebenso Antworten. Wir werden kapitulieren müssen, doch es wird auch wieder Hoffnung geben.

Es liegt an Ihnen, für welches Leben und für welche Erfahrungen Sie sich entscheiden. In diesem Moment erschaffen Ihre Gedanken, Worte und Handlungen Ihre Zukunft. Ob Sie sich dies künftig bewusst machen oder nicht, ist Ihre Entscheidung. Das ändert nichts am Prinzip. Die Energie, die Ihre Gedanken und Worte erzeugen, zieht entsprechende Situationen in Ihrem physischen Leben an, daran besteht kein Zweifel. Sie gestalten in jedem Fall Ihr eigenes Leben. Ob Sie bewusst leben oder nicht, hat einen enormen Einfluss darauf, ob es ein Leben sein wird, auf das Sie friedlich zurückblicken können, oder ob Sie am Ende etwas bereuen.

Es ist an der Zeit, dass Sie sich die Erlaubnis erteilen, Sie selbst zu sein – dass Sie Ihr echtes Selbst zulassen, jene Person, die während all der Prägungen und Konditionierungen Ihrer Vergangenheit da war, die unter dem Schmerz, dem Wachstum, unter allem gewartet hat. Nun ist es Zeit, dass Sie ganz Sie selbst sind. Der erste Schritt dahin besteht darin, dass Sie es sich zur Gewohnheit machen, Ihre Entscheidungen bewusster und liebevoller zu treffen.

Keine Herausforderung, mit der das Leben Sie möglicherweise konfrontiert, ist so schmerzvoll wie der Moment kurz vor dem Sterben, in dem Ihnen bewusst wird, dass Sie die freie Wahl hatten, aber Ihren freien Willen nicht genutzt haben. Sicher. Das Leben wird Sie herausfordern, an Ihnen ziehen und zerren, wird Sie auf die Probe stellen, um zu sehen, wie stark Sie tatsächlich sein können. Aber das Leben wird Sie auch belohnen. Jede Bemühung und auch jede ausbleibende Bemühung manifestierten sich irgendwie in physischer Hinsicht. Säen Sie die richtigen Samen. Seien Sie sanft, haben Sie Geduld, aber säen Sie die richtigen Samen – um Ihrer selbst willen.

Erlauben Sie auch anderen Menschen, der- oder diejenige zu sein, die sie sein möchten. Werfen Sie Ihr Urteil in den Abfalleimer und schieben Sie ihn beiseite. Die Fähigkeit, etwas hinzunehmen, und das Gefühl, irgendwo hinzugehören, tragen enorm dazu bei, dass wir gesund und wahrhaft glücklich sind. Erlauben Sie also anderen, sie selbst zu sein, und schauen Sie zu, wie sie vor Ihren Augen aufblühen.

Vor allem jedoch, erlauben Sie sich, Sie selbst zu sein. Falls Sie noch nicht so richtig wissen, wer das sein soll, falls sich die Flamme jenes erstaunlichen, wunderschönen Menschen erst ganz allmählich bemerkbar macht, dann fragen Sie sich: »Wozu bin ich hier, wer will ich wirklich sein?« Stellen Sie sich diese Frage immer wieder. Die Flamme des wahren Selbst war nie ganz erloschen, nun wird sie allmählich heller scheinen und Licht in Ihre Frage bringen, Hülle um Hülle. Sie dürfen wunderbar und erstaunlich sein (und das *sind* Sie). Leben Sie das Leben, nach dem Ihr Herz sich sehnt. Es ist in Ordnung, Sie selbst zu sein. Erteilen Sie sich dazu die Erlaubnis und seien Sie dankbar – vor allem dafür, dass Ihnen dies freisteht.

Der Maulbeerbaum sorgt sich nicht jeden Winter, wenn seine Blätter abgefallen sind, dass er nun vor der Welt nackt dasteht und dass die Vögel, die ihm in den wärmeren Monaten Gesellschaft leisten, sich jetzt nirgendwo blicken lassen. Er ruht sich einfach aus und wartet ab, er bereitet sich für eine weitere Jahreszeit voller Wachstum vor, wohl wissend, dass der Frühling und mit ihm die Wärme wiederkehren werden. Er versteht, dass es unterschiedliche Jahreszeiten gibt; dass es Zeiten der Ruhe und Zeiten des Wachstums gibt.

Machen Sie sich keine Sorgen. Treffen Sie positive, bewusste Entscheidungen voller Selbstliebe. Geben Sie nichts von Ihrer Kraft an negative Menschen ab. Haben Sie Mitgefühl mit ihnen, aber bauen Sie sich weiter Ihren eigenen

Kreis an positiven, offenen Menschen auf. Schätzen Sie sich selbst. Seien Sie echt. Teilen Sie Ihr Licht. Und vor allem: Gestatten Sie sich zu *lachen*!

Seien Sie sich dessen bewusst, dass Sie ungeachtet Ihrer menschlichen Fehlbarkeit und ungeachtet jeglicher Herausforderung, die Sie auf den Prüfstand stellt, sich gerade ganz bewusst ein besseres Leben erschaffen; ein Leben, auf das Sie stolz sind, ein Leben, das Ihnen und anderen Menschen Gutes bringt, ein Leben, völlig frei von der Erfahrung der Reue.

Sie dürfen glücklich sein. Sie dürfen Freude empfinden.

Die Zeit ist reif.

Nachwort: Leben ohne Reue

Wir leben, um zu lernen. So viel ist sicher. Wir müssen lernen zu lieben, loszulassen und unser Leben so zu gestalten, dass wir zu uns selbst und zu anderen Menschen so freundlich wie möglich sind. Viele sind der Ansicht, dass sich das Leben um Geld, Macht, Erfolg oder Besitz dreht. Aber selbst solchen Menschen geht irgendwann ein Licht auf, wenn sie am Ende Zeit zum Nachdenken haben.

Bereits jetzt geschieht es zuweilen, dass wir auf unser bisheriges Leben zurückblicken und uns Dinge einfallen, die wir heute anders machen würden, wenn wir die Gelegenheit dazu hätten. Das menschliche Leben ist jedoch alles andere als beständig und vollkommen. Es verändert sich fortwährend. Es birgt Glück und Traurigkeit, die Chance zu lernen, ebenso wie Verlusterfahrungen. In seiner Unvollkommenheit liegt in Wahrheit die Vollkommenheit des Lebens. Alles, was Sie lernen, ist Teil Ihrer Reise und ein Geschenk an sich.

Statt mit Bedauern auf die Dinge zurückzublicken, die Sie heute anders machen würden, können Sie beschließen, Ihre Unvollkommenheit und das Menschliche an Ihnen zu akzeptieren. Mit dieser freundlichen Geste Ihnen selbst gegenüber wird Ihr Zugang zum Leben wesentlich einfühlsamer.

Heute würde ich meinen Körper viel freundlicher und respektvoller behandeln, wenn ich jünger wäre. Ich würde öfter den Mund aufmachen und mich verteidigen, statt mich über Jahre hinweg von anderen beschimpfen oder seelisch misshandeln zu lassen. Ich wäre im Gegenzug auch liebenswürdiger gewesen.

Ich würde mehr Risiken eingehen. Ich würde viel früher damit anfangen, zu meinem Spiegelbild zu sagen: »Ich liebe dich.« Ich wäre dem Leben viel öfter dankbar gewesen. Ich würde viele Dinge anders machen. Doch all das habe ich nicht getan, denn ich bin nun mal ein Mensch.

Somit blicke ich auf die Frau, die ich früher war, und liebe sie trotzdem. Sie war schwach, gebrochen, von äußeren Einflüssen geprägt. Sie war menschlich, und dafür kann ich ihr Mitgefühl entgegenbringen. Wenn ich das tue, ist kein Platz für Reue, ich empfinde nur Liebe und Warmherzigkeit. Reue stellt ein sehr hartes Urteil dar, das gar nicht nötig ist, wenn es Ihnen gelingt, zu Selbstliebe zu finden.

Blicken Sie aus Ihrer heutigen Perspektive zurück auf den Menschen, der Sie früher waren, und lieben Sie diesen Menschen, ganz egal, was passiert ist. Er ist immer noch ein Teil von Ihnen und wartet zu seiner Heilung darauf, dass Sie ihm vergeben. Dann sind Reue und Bedauern überhaupt nicht nötig. Wenn es Ihnen gelingt, alles an sich zu lieben, sogar jene Aspekte, die Sie zuvor gern rückgängig gemacht hätten, dann werden Sie mild und liebevoll über Ihr Menschsein lächeln können.

Wenn Sie diesen Punkt erreicht haben, werden Sie auf Ihrem Weg nach vorn deutlich klarer sehen, wer Sie sind; Sie werden den Mut haben, aufrichtiger mit sich und anderen umzugehen; in schwierigen Situationen werden Sie sich auf Vertrauen und Hoffnung stützen; Mitgefühl und Dankbarkeit werden Ihnen dabei helfen, neue Wege einzuschlagen.

Reue markiert einen Ort des Schmerzes und der Selbstverurteilung. Sie müssen ihn nicht noch einmal aufsuchen, wenn es Ihnen von nun an gelingt, mit mehr Zartgefühl, Anerkennung, Freundlichkeit und Liebe zu handeln. Es ist möglich, ohne Reue zu leben und zu sterben. Ihr mitfühlendes Herz wartet. Schenken Sie auch ihm Liebe.

Dank

Für jeden Schritt meines Lebens, der mich an diesen Punkt geführt hat und mich weiterführen wird, bin ich dankbar. Zudem empfinde ich Dankbarkeit für alle Menschen, die unterwegs meinen Weg beeinflusst haben, ob sie sich dessen bewusst sind oder nicht. Besonders große Dankbarkeit empfinde ich Gott gegenüber, der mir Kraft gegeben hat und mich durch stetige liebevolle Führung die Macht des Glaubens gelehrt hat.

Einige Menschen, die während der Arbeit an diesem Buch eine besondere Rolle gespielt haben, verdienen besonderen Dank: Meine Tochter und meine Mutter, die einen so wunderbaren Bund geschlossen haben, dass ich mich zum Schreiben zurückziehen konnte, während die beiden allerlei Schabernack getrieben haben. Leon Nacson, der Geschäftsführer von Hay House Australia, der mein Mentor war und ein unvergleichliches Wesen hat. Die ganze Mannschaft von Hay House, die mich weltweit auf meiner Lesereise unterstützt hat. Meine Freunde und meine Familie, die mir Liebe und Anerkennung schenken. Und all meine Leser, die positiv auf meine Arbeit reagieren und denen ich von Herzen danke. Weil ich weiß, dass es Seelenverwandte wie Sie auf der

Welt gibt, fühlt sich meine eigentliche Arbeit gar nicht mehr nach Arbeit an. Ein herzlicher Dank an alle für die Verbindung, die uns miteinander verknüpft.

Unsere Leseempfehlung

352 Seiten
auch als E-Book
erhältlich

Was zählt am Ende des Lebens wirklich? Wenn man mit dem Tod konfrontiert ist, geht es um ganz fundamentale Fragen: Hat man ausreichend Zeit mit der Familie und den Freunden verbracht? Bereut man es, Dinge getan oder, noch wichtiger, unterlassen zu haben? Die Australierin Bronnie Ware hat mehrere Jahre lang Sterbende bis zu ihrem letzten Atemzug begleitet. Was diese Menschen vor ihrem Tod beschäftigte, davon handelt ihr Buch. Ware selbst hat aufgrund dieser Erfahrung beschlossen, nur noch das zu tun, was sie wirklich will. Denn, so sagt sie, „ich weiß ja, was ich sonst bereue."